司書職制度の再構築

Establishing a New Public Librarianship in Japan

日本の図書館職に求められる専門性

Zensei Oshiro
大城善盛

日本評論社

はしがき

　日本の公共図書館は『図書館年鑑 2018』によると、2017年現在、3292館ある[1]。その数え方にはいくぶんかの問題がないわけではないが、この数から、日本は図書館先進国の仲間入りをしていると言える。貸出サービスや障害者サービスは伸び、特に児童サービスは図書館先進国の図書館関係者からも注目を浴びるくらいまでに進んでいる。

　しかし、図書館に勤める専門職員と呼ばれるべき司書はどうであろうか。日本では司書の資格は短期大学や短期の講習会でも取得でき、他の図書館先進国と比べてその資格レベルはかなり低い。また、そのように低いレベルの資格保有者の司書さえ、すべての公共図書館に配置されているとは限らず、日本では司書職制度は確立されているとは言い難い。

　図書館先進国の公共図書館では、図書館資料の選書やレファレンス・サービスを担当するライブラリアンよりも先に、図書館長に資格を要求する。上記の『図書館年鑑 2018』によると、2017年現在、日本の公共図書館では司書の資格を有する専任館長はたった762人である（全館数は3292）。現在の司書課程は館長職にはあまり益するところがないという理由からかも知れないが、それにしても驚くべき数字である。日本の公共図書館界では図書館サービスを直接担当する司書の専門性についてはよく議論されるが、図書館長の専門性についてはあまり議論されない。司書の資格を有さない素人館長を是認するような『図書館長論の試み』が刊行され、それが図書館界で受け入れられたりして、司書資格のない素人館長でも館長職が務まる、という雰囲気が日本の公共図書館界にはある[2]。

　以上のような状況の中で、日本の公共図書館の進展状況を誇りにする図書館関係者もいるが、サービスを行うのは「人」である。「人」は人でも担当する業務やサービスに適した「人」でなければならない。公共図書館におけ

i

る「人」とは司書である。日本の公共図書館では「人」が少なく、研修によってその「人」を育成しようとしている。それで良いだろうか。日本の公共図書館界は、その「人」を入職（就職）の段階から準備しなければ、そして、その「人」がほとんどすべての公共図書館にはいるという状況を作らなければ、図書館先進国の関係者にはあまり自慢できないであろう。

図書館先進国と肩を並べるためには、それが真の目的ではなく、「市民（日本国民）への果たすべき公共図書館の役割を果たすためには」と言うべきであるが、その司書の課題を解決する必要がある。現代では果たすべき公共図書館の役割は大きく拡大し、伝統的な貸出サービスやレファレンス・サービスだけでなく、無料・有料のデータベースへのアクセス、コンピュータ（ICT）リテラシーや情報リテラシーの教育、「場としての図書館」、等の役割が重要視されてきている[3)4)]。しかし、日本の公共図書館は貸出サービスを重要視し過ぎ、伝統的なレファレンス・サービスさえも未だ確立しているとは言い難い。ましてや、情報リテラシー教育や「場としての図書館」の役割などは、一部の例外を除けば、図書館現場では話題に上がるくらいである。

著者は本書において、国際図書館連盟（International Federation of Library Associations and Institutions）、アメリカ合衆国、カナダ、オーストラリアなどの国々において理解されている公共図書館における司書職（public librarianship）と比較しながら、日本の公共図書館の司書や司書職（司書職制度）の状況を分析し、あるべき姿を模索した。特に、日本図書館協会を中心に図書館関係者が理解している司書職（司書職制度）については歴史的に考察した。その際には、日本図書館協会や図書館研究者の司書養成の考え方についても考察した。また、図書館長の重要性に鑑み、独立した章を設け、図書館長の責務や資格についても考察した。さらには、アメリカにおけるライブラリアン養成の歴史的展開と図書館職員の構成の考え方を付録1と付録2で紹介した。

記述の仕方としては、読みやすさを考慮し学術論文の形式に拘らなかった。例えば、「可能である」とすべきところを「できる」というふうに記述した。しかし、外国の名称に関しては、可能な限りカッコ内にオリジナルの名称を記して専門書の体裁を整えた。

また、各章は独立した章として扱った。そのため根拠に使用した文献も独

立させてあり、文献が前の章で出てきても、初めての文献として扱った。なお、第3章では多くの文献を記しているが、論拠を示すために煩雑さを厭わずに記した。

本書の構成は以下のとおりである。

 第1章：司書
 第2章：司書職（司書職制度）
 第3章：1980年代以降の司書職（司書職制度）論の歴史
 第4章：公共図書館長　その責務と資格
 第5章：司書職（司書職制度）の再構築
 付録1：『ウィリアムソン報告』の中のライブラリアンとその養成、及びその後の展開
 付録2：アメリカ図書館協会の図書館専門職に対する考え方

引用文献
1) 日本図書館協会図書館年鑑編集委員会編『図書館年鑑 2018』日本図書館協会, 2018, p. 300.
2) 内野安彦『図書館長論の試み：実践からの序説』樹村房, 2014, p. 222. （書評）湯川康宏「図書館長論の試み：実践からの序説　内野安彦著」（図書館員の本棚）『図書館雑誌』108巻10号, 2014, p. 707.
3) 瀬戸口誠「公共図書館における情報リテラシー教育の意義と課題：情報アクセス保障の観点から」*Journal of I-LISS Japan*, 1巻2号, 2019, pp. 38-53. http://shihota.world.coocan.jp/top_page/JournalofI-LISSJapanVol.%20No.2.pdf [2019. 8. 5]
4) アントネッラ・アンニョリ；柳与志夫解説；萱野有美訳『知の広場：図書館と自由』みすず書房, 2011, 251p.

目次

はしがき　i

第1章　司書 ———————————————————— 1

第2章　司書職（司書職制度）———————————————— 9

第3章　1980年代以降の司書職（司書職制度）論の歴史 —— 15

　はじめに　16
　1. 1980年代の司書職制度論　19
　　1.1　司書職制度論　19
　　1.2　JLA調査委員会の司書職制度案の形成要因　22
　2. 1990年代前半における司書職制度論　31
　3. 1990年代後半における司書職制度論　36
　4. 2000-09年における司書職制度論　42
　5. 2010-18年の司書職制度論　63
　6. まとめ　74

第4章　公共図書館長　その責務と資格 ——————— 89

　はじめに　90
　1. 公共図書館長の資格　90
　2. 公共図書館経営の概念　95

  3. 戦略［的］計画の策定と公共図書館長　96
  4. 実施（do）と公共図書館長　104
  5. 成果の評価（check）と公共図書館長　104
  6. まとめ　109

第5章　司書職（司書職制度）の再構築 ——————— 113

付録1　『ウィリアムソン報告』の中のライブラリアンとその養成、及びその後の展開 ——————— 129

はじめに　130
1. 『ウィリアムソン報告』の中のライブラリアンとその養成　130
2. ALA全米資格認定委員会によるALA理事会への1921年の「報告文書」　132
3. その後の展開　134
4. まとめ　137

付録2　アメリカ図書館協会の図書館専門職に対する考え方 ——————— 141

はじめに　142
1. アメリカ図書館協会の図書館情報学教育と人事政策　142
2. コメント　146

あとがき　149

索　引　157

第1章

司 書

司書とは、「図書館法」の第4条に「図書館に置かれる専門的職員を司書及び司書補と称する」と記されており、厳密には公共図書館で専門的業務に従事している職員のことである。「図書館法」は公共図書館だけを対象としている法律であるからである。図書館界では大学その他の図書館に勤務している職員を指す場合もあるが、その用法はおかしい。その場合は、「図書館専門員」と呼ぶべきである[1]。
　「図書館法」の第5条に、次の各号のいずれかに該当する者は、司書となる資格を有する、と記している。

1. 大学を卒業した者で大学において文部科学省令で定める図書館に関する科目を履修したもの
2. 大学又は高等専門学校を卒業した者で次条の規定による司書の講習を修了したもの
3. 次に掲げる職にあつた期間が通算して三年以上になる者で次条の規定による司書の講習を修了したもの
　　イ．司書補の職
　　ロ．国立国会図書館又は大学若しくは高等専門学校の附属図書館における職で司書補の職に相当するもの
　　ハ．ロに掲げるもののほか、官公署、学校又は社会教育施設における職で社会教育主事、学芸員その他の司書補の職と同等以上の職として文部科学大臣が指定するもの

　上記の「1. 大学を卒業した者で大学において文部科学省令で定める図書館に関する科目を履修したもの」により、2009年に文部科学省令「図書館法施行規則」が改正されて、2018年現在、13科目24単位の図書館情報学関係科目などを大学で履修すれば司書の資格を取得できる。2018年現在、148の4年制大学、53の短期大学（部）、合計201大学で司書課程が開講され、毎年7、8000人の学生が司書の資格を取得して卒業している[2]。
　司書とは、上記のような司書の資格を取得して公共図書館で専門的業務に

従事している職員のことである。一見、何の問題もないように見える司書の資格取得の要件であるが、実はその要件には大きな問題が含まれている。すなわち、「大学を卒業した者」の「大学」には短期大学も含まれていて、現代の公共図書館において短期大学で資格を取得した人が果たして専門的業務を遂行できるかどうか、の議論がある。日本図書館協会（以下、JLA）の立場は、そのような人でも「専門的事務に従事できる」である[3]。そこで「専門的事務」とは何か、ということが問題になる。

次に、「専門的事務」との関係で、日本の公共図書館に勤務している司書職員の状況を見てみる（無資格者も含む）。『図書館年鑑2018』によると、2017年現在、図書館総数は3292館、専任の職員数は1万251人、そのうち司書もしくは司書補の資格を有している職員は5357人である。兼任の職員数は1088人、そのうち司書もしくは司書補の資格を有している職員は109人である。非常勤の職員数は9841人、そのうち司書もしくは司書補の資格を有している職員は6577人である。臨時の職員数は7320人、そのうち司書もしくは司書補の資格を有している職員は2927人である。委託・派遣の職員数は1万2523人、そのうち司書もしくは司書補の資格を有している職員は7126人である。専任の有資格館長は762人である[4]。

上記のように、日本の公共図書館の職員の状況は複雑である。専任よりは非専任の職員数が多い。上記の数字は司書と司書補の区別をしていないが、その2種は「図書館法」で「専門的職員」であると規定されており、「専門的職員」という視点で見ると、専任の「専門的職員」数より非常勤の「専門的職員」数が多い。それは異常な状態と言わねばならない。さらには、専任の「専門的職員」数より委託・派遣の「専門的職員」数が多い。それはさらなる異常な状態である。このような状態は、公共図書館の専門的業務は非常勤の「専門的職員」や委託・派遣の「専門的職員」によっても遂行可能である、と明言しているようなものである。ほんとうに遂行可能であろうか。公共図書館の専門的業務とはどのようなものだろうか。

日本の公共図書館は、職員に関する限り、上記のように異常状態にあるが、司書は公共図書館でどのように採用され、どのような業務を遂行しているのであろうか。

平成 27（2015）年度に、文部科学省が公立図書館の実態を把握すべく、「公立図書館の実態に関する調査研究」を図書館流通センター（以下、TRC）に委託調査させている[5]。その調査で、「図書館協議会」は調査対象になっている。一方、調査項目として当然入っているべきであるが、「職員」は入っていない。司書の採用や職務も調査項目にない。それについては 2 つの要因が作用したと考えられる。

　一つの要因は、文部科学省が公立図書館界の職員の複雑さを知っていて意図的に避けた（であろう）、ということである。もう一つの要因は、委託調査を依頼された TRC は図書館の管理委託の最大業者であり[6]、TRC としては自治体における司書の採用制度は進まない方が指定管理の受託可能性が高く、TRC が意図的にその項目を入れることを避けた（であろう）、と思われることである。

　他方、国立国会図書館も「地域活性化志向の公共図書館における経営に関する調査研究」を行い、その結果を 2014 年に公表している[7]。先進的な公共図書館の事例研究であり、職員に関しても言及はしている。しかし、事例に挙げられた図書館で司書の採用があるのか、何人の司書が勤務しているのか、に関しては全く触れていない。図書館サービスを行い、そのサービスを向上させるのは人（司書）であるはずなのに、上記の 2 つの調査が図書館職員、特に司書をないがしろにしている。このことは理解に苦しむ。

　10 年以上前のことであるが、文部科学省が図書館職員について調査している[8]。その調査によると、2007 年度の時点で、回答のあった 2038 館（本館）の図書館職員総数は 2 万 7588 人である。1 館当たりの平均職員数は 13.5 人であった。全職員のうち司書有資格者は 1 万 2894 人で、1 館当たりの平均司書有資格者数は 6.3 人である。司書もしくは司書補の資格を有する職員が勤務している公立図書館は 1911 館あった。回答のあった 2038 館のうち、93.8％の図書館に少なくとも 1 人の司書もしくは司書補の資格を有する職員が勤務していたことになる。図書館長以外での司書有資格者数は 1 万 2481 人で、そのうち司書として図書館勤務の辞令が発令されている人は 5117 人（41.0％）であった。

　2007 年度の時点で上記のような状況にあった司書や司書補は現場の図書

表 1.1　2007 年度における公立図書館職員の従事業務内容

携わる業務		館長 (%) (N=1539)	司書 (%) (N=1593)	司書補 (%) (N=239)	その他 (%) (N=239)
経営管理	図書館運営の計画・立案	93.4	62.3	27.2	47.4
	議会・教育委員会等への対応	85.8	50.6	24.3	50.2
	図書館統計の作成・分析	39.1	74.1	41.4	54.9
	図書館だよりなどの広報資料の作成	21.1	83.6	53.6	56.1
	要望・苦情処理への対応	72.6	73.1	42.3	57.6
	専門的職員の研修の立案・実施	34.8	51.6	28.0	28.7
	出勤・カウンター体制管理	47.8	61.9	42.7	55.2
	ボランティア活動の管理・支援	29.7	76.6	54.8	46.9
資料管理	資料の収集方針・計画の立案	46.3	86.4	48.1	37.0
	資料の選定	35.7	96.9	71.5	49.0
	資料の発注・契約	17.7	88.9	49.4	50.6
	寄贈資料の受入・分類	12.0	94.2	73.2	55.2
	新刊資料の分類・配架	8.8	95.4	79.9	59.9
	書架整理	30.7	94.6	93.7	86.8
	蔵書点検	38.1	97.1	95.4	88.1
	廃棄資料の選定・廃棄作業	27.6	96.3	75.3	60.7
	資料の簡易な製本と修理	11.1	86.6	87.9	81.5
	目録・書誌データの加工・修正	7.9	93.5	72.4	46.5
	返却図書の配架作業	29.7	76.6	54.8	46.9
	返却期限が過ぎている資料の督促処理	18.6	86.3	75.3	71.0
利用サービス	二次資料などの作成・編集	10.3	81.8	59.8	38.8
	利用者登録・利用案内等	29.0	94.9	90.0	85.0
	資料の貸出処理	35.0	94.2	90.0	89.3
	資料の返却処理	35.1	93.7	90.0	89.3
	リクエストの受付・処理	25.3	96.5	91.6	78.2
	相互貸借の手続き	9.0	92.9	76.2	54.9
	レファレンスサービス	25.4	98.7	88.3	63.4
	複写サービス	24.4	89.8	76.2	79.4
	宅配サービス	3.8	29.6	33.5	24.8
	児童サービス	12.6	88.4	76.2	58.1
	障がい者サービス	15.5	72.5	61.9	56.4
	サービス計画・主催事業の企画・立案	44.2	87.6	64.0	54.5
	学校などへの出張事業	14.9	72.7	58.2	38.8
	ホームページの企画・作成、管理	11.5	64.3	42.3	45.6
	その他	2.5	4.5	5.9	3.8

典拠：文部科学省『図書館等における司書有資格者活用状況に関する実態調査報告書（平成 21 年 3 月）』http://www.mext.go.jp/a_menu/shougai/tosho/shiryo/1284995.htm ［2019. 2. 17］

館でどのような業務を遂行していたであろうか。同調査は司書、司書補及びその他の職員の職務状況についても調査している。それが表1.1である。

表1.1を見ると、司書と司書補の相違は業務種別の相違ではなく、同じ業務の量的なものやレベルの相違である。司書や司書補とその他の人（資格を有しない職員）の業務の相違についても同じことが言える。同調査報告も次のように記している。

> 「司書（補）の資格を有する者のみが行う業務がある図書館は39.4％であるのに対し、そのような業務がない図書館は59.1％と半数を超えていることから、6割近くの図書館では、司書（補）有資格者を配置しつつも、特に司書（補）資格を有する職員と資格のない職員とで、従事する業務を分けていないことがわかる」

表1.1を見ると、同調査が司書が遂行すべき業務と司書以外の職員が遂行すべき業務を区別せずに調査しているという問題点はあるが、約60％の公立図書館には「司書集団」ではなく、「職員集団」という雰囲気があると推察される。すなわち、経営管理的な業務以外の図書館業務（サービス）は互いを区別せずに図書館職員全員で遂行するという雰囲気である。

注及び引用文献
1)「図書館専門員」は英語圏では「ライブラリアン」（librarian）と呼ばれ、その養成が図書館情報学教育の主目的の一つとなっている。しかし、日本には「ライブラリアン」に相当する用語はない。「図書館専門員」は筆者を含め、少数の研究者が使用しているだけである。「ライブラリアン」に相当する日本語として「図書館員」の用語が使われる場合が多いが、その用語は多くの課題を抱えている。例えば、日本図書館情報学会用語辞典編集委員会編『図書館情報学用語辞典』（第4版、丸善出版、2013）は、「図書館員（librarian）」について次のように記している。「本来は図書館に勤務する専門的職員を意味するが、図書館で働くすべての職員を指して用いられることがある。公共図書館には専門的職員である司書と司書補のほかにも職員がおり、利用者にとっては区別がつかないばかりか、図書館に働くすべての

職員が同様な役割を果たすことが求められたということが、広義の解釈の背景となっている（後略）」。筆者には、「図書館員」という用語が、または、専門職員を表す「ライブラリアン」(librarian) に相当する用語が厳密な意味では存在しないことが、日本における図書館情報学教育の遅れを象徴しているように思われる。

2）文部科学省「司書養成科目開講大学一覧（平成31年4月1日現在）201大学」http://www.mext.go.jp/a_menu/shougai/gakugei/shisyo/04040502.htm［2019.9.22］

3）日本図書館協会が直接「専門的事務に従事できる」と言っている訳ではないが、次の文献からそのように読み取ることができる。参照：「公立図書館の所管の在り方等に関する意見」2018. http://www.jla.or.jp/demand/tabid/78/Default.aspx?itemid=3973［2019.2.5］

4）日本図書館協会図書館年鑑編集委員会編『図書館年鑑 2018』日本図書館協会, 2018, p. 300. 因みに、ここで言う「非常勤」職員とは自治体に雇用されている非常勤の職員を指し、「委託」職員とは管理委託を引き受けている企業を含む団体に雇用されている職員、「派遣」職員とは派遣会社に雇用されている職員を指している。

5）図書館流通センター「平成27年度『生涯学習施策に関する調査研究』『公立図書館の実態に関する調査研究』報告書」（文部科学省委託研究）2016. http://www.mext.go.jp/a_menu/ikusei/chousa/_icsFiles/afieldfile/2016/09/26/1377547_04.pdf［2019.2.11］

6）日本図書館協会の2018年調査によると、管理委託させている公共図書館は557館あり、図書館流通センターは2019年現在、520館の公共図書館の管理運営を行っているとしている。参照：日本図書館協会図書館政策企画委員会「図書館における指定管理者制度の導入等について 2018年調査（報告）」http://www.jla.or.jp/Portals/0/images/committe/torikumi/sitei2018.pdf［2019.5.17］. 図書館流通センター「運営実績」https://www.trc.co.jp/outsourcing/index.html［2019.1.22］

7）国立国会図書館「地域活性化志向の公共図書館における経営に関する調査研究」2014. http://dl.ndl.go.jp/view/download/digidepo_8649952_po_lis_rr_15.pdf?contentNo=1&alternativeNo=

8）文部科学省「図書館等における司書有資格者活用状況に関する実態調査報告書（平成21年3月）」http://www.mext.go.jp/a_menu/shougai/tosho/shiryo/1284995.htm［2019.2.17］

第2章

司書職（司書職制度）

司書職とは、司書が就く職業、すなわち「職種」のことである。日本では「司書職」の用語はあまり用いられない。「司書は専門職か？」という場合、厳密には「司書職は専門職か？」という表現にしないといけない。「専門職」という用語は特定の職種に関わる用語だからである。司書職と司書職制度は厳密な意味では異なるが、ここでは同様な意味合いで用い、文脈によって「司書職」の用語を用いたり、「司書職制度」の用語を用いたりする。
　日本図書館情報学会用語辞典編集委員会編『図書館情報学用語辞典』（第4版，丸善出版，2013）には「司書職」は載っていず、「司書職制度」だけが載っている。
　それでは、司書職制度とは何だろうか。同辞典は、「司書職制度」の定義として、「図書館の管理と運営を専門職である司書に任せ、その司書が図書館に専念できる制度。司書職制度は、厳密にいえば公共図書館の専門職制度を意味するが、他の館種を含む図書館員の専門職制度の意味で用いられることもある」、と記している。この定義は一応納得のいくものであるが、そこで留意する必要があるのは、この辞典は「司書職制度」を専門職制度と理解していることである。
　それでは、「専門職制度」とはどういうものだろうか。同辞典は、「専門職制度」の定義として、「専門的な職務を、その職務についての知識や技術を持つ専門職が管理、運営していく制度。西洋では、聖職者、医師、法律家が伝統的な専門職とされてきた。これらの専門職は、その職が社会的に有用であることが外部から認知され、その構成員が訓練を受け一定水準の知識と技術を持つことを前提とした上で、自律的にその職務を果たしていく。専門職制度を維持するための専門職団体を持ち、その資格の認定に関与するとともに、その構成員を統制し、専門職のレベルを保つ活動をしている。現代では、教育、看護、福祉関係などに新たな専門職が成立してきており、図書館の専門的職員もこれに含まれる」、と記している。
　上記のことから、「司書職制度」は一種の専門職制度であり、「専門職制度」では専門職の人は「一定水準の知識と技術を持つことを前提とした上で、自律的にその職務を果たしていく」のである。

「専門職」（「専門職制度」）に関しては、市川昭午が1975年刊の『教育行政の理論と構造』の中に記している専門職概念が分かりやすい[1]。市川は「専門職」の属性として次の5つを挙げている。

1．職務の公共性：社会の存続に不可欠で、ほとんどすべての人々に必要なサービスを提供する人間関係に関する職務であること
2．専門技術性：長期の専門的教育を必要とし、高等教育機関における学習と現場における実習を修得した者にのみ、資格試験などを経て資格が認められること
3．専門的自律性：専門的判断に関して他者の指図を受けない職務上の自律性を持ち、専門能力の水準を自主的に維持するための自主規律の権能を持つ職能団体があること
4．専門職倫理：他人のプライバシーへの関与、職務上の自律性といった諸特権が社会的に是認される反面、職務上の秘密の保持などの職業的倫理が要求されること
5．社会的評価：以上のような諸条件を備えた職業は、その社会的重要性、資格修得の困難性、適格者の希少性からいって、当然それにふさわしいだけの、相対的に高い社会的地位と比較的厚い経済的報償が与えられること

　市川は、以上の諸属性は並列的にあるのではなく、一定の構造をなしていると論じている。すなわち、職務の公共性を前提に、専門技術性を基礎として専門的自律性が認められ、それと裏腹の関係で専門職倫理が要求され、その結果として社会的評価が賦与される。市川はさらに、専門性（専門的知識とスキル）が土台にあたり、職業倫理、地位や待遇などがその上部構造を形作るとも記している。
　以上のように理解すると、日本に存在している司書職制度、もしくは今後確立すべきだと多くの研究者が論じる司書職制度案は、真の司書職制度ではないということになる。それらの制度や制度案は、短期大学でも資格が取得できる司書を前提としているからである。市川が「専門技術性」を重視し、

「専門技術性」を有しているかどうかの判断基準として、「長期の専門的教育を必要とし、高等教育機関における学習と現場における実習を修得した者にのみ、資格試験などを経て資格が認められる」、と記していることを考慮すると、短期大学でも資格が取得できる司書に対して、例外はあるとして、市川の述べる「専門技術性」を有しているとは言い難い。

　なお、市川が、専門職の要件として「長期の専門的教育」や「高等教育機関における学習と現場における実習」を挙げていることに関して、疑問を持つ日本人も多いと思われる。市川の「専門職」は欧米でいう"profession"を指していて、それは通常「学識型専門職」(learned profession)を指している。

　また、欧米諸国ではライブラリアンの養成は4年制大学の学科や大学院レベル、隣国の韓国でも「正司書」（韓国では「1級正司書」、「2級正司書」、「準司書」がある）には文献情報学（日本の図書館情報学に相当）の学士や修士の学位が要求される。そのようなことを考慮すると、短期大学でも資格が取得できる司書を基本に据えた日本の司書職制度は、専門職としての司書職制度ではない。

　日本図書館協会の2016年刊『図書館ハンドブック』（第6版補訂2版）に前JLA事務局長の松岡要が司書職制度について、次のように記している[2]。

> 　司書職制度とは、公立図書館に専門職員である司書・司書補をおく人事制度である。その要件としては、次の6項目があげられる。
> ① 自治体ごとに司書有資格者の採用制度が確立されていること
> ② 本人の意思を無視した他職種への配転が行われないこと
> ③ 司書独自の昇進の道が開かれていること
> ④ 館長および他の司書業務の役職者も原則として司書有資格者であること
> ⑤ 研修制度が確立していること
> ⑥ 司書その他の職員の適正数配置の基準が設けられていること
> 　つまり、司書職制度とは、司書有資格者で図書館員として働く意欲と適性と能力を持った者が、図書館に司書として採用され、そこで定着し

て働き、成長していけるようなしくみであり、図書館の管理・運営を専門職の責任に委ね、専門職が職務に専念できるよう制度的に保障することに、その意義がある。

　以上が松岡の司書職制度に対する理解の仕方である。松岡はその司書職制度を一種の専門職制度として捉えているか、と問えば、「Yes」と「No」の2つの答えがあり得るだろう。しかし、「Yes」と答えたとしても、上記の『図書館情報学用語辞典』や市川の理解する専門職や専門職制度とは異なるものである。すなわち、松岡は専門職に関して独自の理解をしていたのである。その理解の仕方は、1970-80年代に活躍したJLA図書館員の問題調査研究委員会の司書職制度の考え方に大きく起因している。実は、上記の松岡の司書職制度の6要件はそのJLA調査委員会が1985年に提言している司書職制度案と全く同じである。次章では、1980年代以降、司書養成も含めて司書職制度がどのように論じられてきたか、JLAの考え方を中心に歴史的に考察する。

注及び引用文献
1) 市川昭午『教育行政の理論と構造』教育開発研究所，1975, pp. 236-38. このような専門職の属性理論に関しては、社会学者の間でいろいろ疑問視されていることを薬師院が紹介しているが、実社会ではその属性理論は有効に機能している。参照：薬師院はるみ「図書館専門職論の理論的系譜」日本図書館情報学会研究委員会編『図書館情報専門職のあり方とその養成』(勉誠出版, 2006, pp. 95-110). Professional Standards Councils of Australia, *What is Profession?* https://www.psc.gov.au/what-is-a-profession/regulatory-view [2018. 5. 30]
2) 日本図書館協会図書館ハンドブック編集委員会編『図書館ハンドブック』第6版補訂2版，日本図書館協会, 2016, p. 364. なお、その内容は2005年に刊行された第6版と全く同じもので、当時松岡はJLA事務局長であった。

第 3 章

1980年代以降の司書職（司書職制度）論の歴史

はじめに

　この章では 1980 年代以降の司書職（司書職制度）論を司書養成関係も含めて考察する。そして、「図書館専門職」という視点から考察する。そうすると、「図書館専門職」の定義が必要になる。ここでは、国際図書館連盟（International Federation of Library Associations and Institutions: IFLA）とアメリカ合衆国（以下、アメリカ）の図書館専門職の考え方を採用する。IFLA の考え方を記すと、次のようになる[1]。

　　公共図書館においては、以下のような職員の種類が存在する。
　　・専門職の資格をもつライブラリアン
　　・ライブラリー・アシスタント
　　・一定の技能を備えたスペシャリスト
　　・支援的職員
　　専門職の資格をもつライブラリアンは、図書館学および情報学の学修課程を履修し、学位または大学院レベルの学歴をもった図書館専門職として位置づけられる職員である。ライブラリアンは、地域社会において利用者のニーズを満たすために、図書館情報サービスおよび図書館情報システムを設計し、計画し、組織し、実施し、管理・運営し、評価する。このなかには、コレクションの構築、情報資源の組織化と活用、利用者の情報探索および利用への助言および支援の提供、さらには図書館が保有する情報資源へのアクセスを容易にするシステムの開発が含まれる。専門職の資格をもつライブラリアンは、地域社会について知り、理解し、サービス対象である地域社会の構成メンバーと常に接触を保持しなければならない。（後略）
　　ライブラリー・アシスタントは、ほとんどの場合、規模の大きな公共図書館において、貸出、配架、図書館資料の整理作業、データ入力、ファイリング、事務的な支援、利用者の迎え入れや案内など、定型的な図書館運営にかかわる業務を遂行してもらうために雇用されている。（後略）

アメリカにおける図書館専門職の考え方については、ウィリアムソン（C. C. Williamson）の1923年刊の『ウィリアムソン報告』（*Training for Library Service*）とウィリアムソンが委員長を務めたALA全米資格認定委員会（American Library Association Committee of National Certification）によるALA理事会への1921年報告に表れている図書館専門職についての考え方を採用する[2)3)]。

それら2つの文献に表れている図書館専門職のエッセンスは、次のようなものである。

(1) 図書館業務には専門職的業務と事務職的業務の2種がある。
(2) この2種の業務に就く人は別々の養成教育が必要である。
(3) 専門職的業務に就く人は4年制の大学教育を基盤に図書館学校での1年間の大学院教育を必要とする。
(4) 事務職的業務に就く人は、高校4年間の一般教育と短期間の図書館学の教育を必要とする（その人たちはサブ専門職員と呼ばれることがある）。
(5) 優秀なライブラリアンになるためには、優れた一般教育を受ける必要がある。いかに深い図書館学の教育を受けようと、それだけでは優秀なライブラリアンにはなれない。
(6) ライブラリアン養成において最も重要な部分は、外国語と外国文学、歴史、社会学、経済学、行政学、心理学、経済学等の知識を授ける4年間の大学教育である。
(7) 優秀なライブラリアンになるためには、さらに主要な分野における文献や情報源について、(4年制の) 平均的な大学生より多くの知識を持ち、その上、2次文献も使いこなせる能力が必要である。
(8) 図書館職員の種類として、階級Ⅰ、階級Ⅱ、階級Ⅲ（Ⅰ-Ⅲは図書館専門職員）、階級Ⅳ（サブ専門職員）の4レベルが推奨される。

以上のことは、1920年代に提唱されたものであるが、約30年後に実現され、現代のアメリカの図書館界での常識になっている。なお、欧米で「専門職」(profession) という場合、それは厳密な意味では「学識型専門職」(learned profession）を意味していて、図書館専門職という場合も、一種の「学識型専門職」としての図書館専門職を意味している。

1973年に作成されたIFLAの「公共図書館基準」に次のような記述があり、それも補足として付け加えておく[4]。

> いかなる公共図書館においても、有資格図書館員は、奉仕を管理、経営し、図書やその他の資料を選択、分類し、読書についての専門的技術的援助に従事し、教育、文化、および地域諸団体との連携を維持し、奉仕の発展を計画することが要求される。
>
> 他の諸分野での資格を有する人びとも、発達した図書館奉仕の他の分野において必要とされる。
>
> 全職員に対する有資格図書館員の割合は、それぞれの経営単位に当てはまる特定の状態に左右されるであろう。発達した都会地の密集した単位に提案される最低基準は、全職員の33％である。多くの分館や小奉仕拠点のある単位では、40％の方がより現実的である。人口1万人に奉仕する奉仕拠点では、専門職員の1人は児童奉仕の専門家でなければならない。（後略）
>
> 人件費は公共図書館予算の非常に高い比率を占める。そして、有資格図書館員に支払われる俸給は、有能で指導性のある人材をひきつけ、かつ適切に報いられるよう充分であることが重要である。したがって、有資格図書館員と事務職員との間には明確な職務分離がなければならない。そして、有資格図書館員の時間を事務的性格の日常業務に浪費しないように、効率的な経営を確実にしなければならない。

上記の引用文の中で特に強調したいのは、「有資格図書館員と事務職員との間には明確な職務分離がなければならない」と、「発達した都会地の密集した単位に提案される最低基準は、全職員の33％である。多くの分館や小奉仕拠点のある単位では、40％の方がより現実的である」、の部分である。

1. 1980年代の司書職制度論

1.1 司書職制度論

　日本図書館協会（以下、JLA）による政策文書として、1963年に『中小都市における公共図書館の運営』[5]、1970年に『市民の図書館』[6]が刊行された。そして、1987年には「公立図書館の任務と目標（最終報告）」[7]が公表された。また、1970年代から80年代にかけては、JLA図書館員の問題調査研究委員会（以下、JLA調査委員会）が活躍し、同委員会が出している報告文や図書は、図書館職員に関するJLAの政策として重要な位置を占めている。

　JLA調査委員会は、図書館職員の専門性を明らかにし、司書職制度確立のための調査研究を行うことを主たる使命として1970年に設置された。同委員会は「図書館員の専門性とは何か」のテーマの下に検討を行い、1970年に「図書館員の専門性とは何か：委員会の中間報告」を公表している。これは、同委員会が図書館員の専門性を明らかにし、現行の司書職制度の批判の上に立って、専門職としての司書職制度の確立のための調査研究をするという基本方針にしたがって討論を重ねた報告であった[8]。そして、1974年には「図書館員の専門性とは何か（最終報告）」を公表している[9]。

　同報告の「Ⅱ.3. 司書養成と司書職制度」には、次のようなことが記されている。

　　1972年度現在で司書課程を設置している大学は112校、司書講習を開講している大学は10校、そこで養成される司書は毎年約6,000人、司書補は約1,000人である（'73年2月文部省調査）。これら有資格者のうち実際に図書館に就職している者は1割にもみたないのが実情ではなかろうか。さらには112校中10校もが専任教授をおいていないという問題、司書講習とほとんど同じ科目内容（後略）。

　　これに対する改善策として、教育部会は'72年6月「図書館学教育改善試案」を公表したが、専門性のとらえかた、資格のグレード化、資格認定の問題等で、この案に対しては賛否両論を含め現在なお論議が寄せ

られている。(後略)

　(司書職制度の現状)基本的に採用、昇任、異動の3つが重点になるが、現在これらの要件をすべて充足させる形で施行している図書館はきわめて稀である。ただ採用に関しては、公共図書館で一般行政職とは別に専門職として選考する自治体が増えている。(後略)

　司書にかかわる養成と制度の問題は複雑多岐な問題を含んでおり、短時日での全般的な解決は困難である。(中略)その意味で、当委員会の提唱で協会に設けられた専門職委員会の責務は重大である。

同委員会は、その後1974年から翌1975年にかけて関西、中国、東京、東北／北海道の4地区でその最終報告についてのヒアリングを行っている。ヒアリングの場では、①専門職の制度と教育の検討が不十分である、②専門性と現行職階性の矛盾等について明確な説明が必要である、③司書職制度確立のための展望と政策論が必要である、などの批判が出た[10]。

同委員会は、上記のような経過を経て、また、同委員会の提唱で設置された専門職委員会が開店休業の状態であったため、1984年にパンフレット『すべての公共図書館に司書の制度を』、1985年には『公立図書館職員の司書職制度 調査報告書』を作成・刊行している[11][12]。この2つの文献から、JLA調査委員会の司書職制度に対する考え方を知ることができる。

同委員会は司書職制度確立のための要件として次の6点を挙げている[13]。

1. 自治体ごとに司書有資格者の採用制度が確立されていること
2. 本人の意思を無視した他職種への配転が行われないこと
3. 司書独自の昇進の道が開かれていること
4. 館長および他の司書業務の役職者も原則として司書有資格者であること
5. 研修制度が確立していること
6. 司書その他の職員の適正数配置の基準が設けられていること

以上の諸要件は、JLAとしては初めての具体的な司書職制度案であった。

それは図書館専門職としての司書職制度の提案である。しかし、IFLA とアメリカの例を参考にするならば、上記の「2.」と「4.」は以下のような要件にすべきであったと推察する。

2. 職種「司書」が確立され、業務分析（専門職と非専門職の分離）により司書の担う業務が明確になっていること
4. 館長および他の司書業務の役職者も司書有資格者であること

なお、司書と他の職員との割合に関しては、上記『すべての公共図書館に司書の制度を』が、東京都の 1972 年作成の「司書職制度を中心とした区立図書館振興対策」を参考にして、小規模の地区館では全員が司書であることが望ましいと記し、『公立図書館職員の司書職制度　調査報告書』の中では、1983 年時点で鎌倉市：約 83％、大阪市：約 71％、名古屋市：約 64％、多摩市：約 97％が司書であることを記し、それらの市の図書館を先進地域として挙げている。このようなことから、JLA 調査委員会には公共図書館では職員の中に司書職として採用された職員が多ければ多いほどサービスは向上するという考えがあったと推察される。

1974-80 年度まで JLA 調査委員会の委員長であった久保輝巳も、1978 年に「公共図書館における司書職制度の問題」の中で次のように記している[14]。

> 望ましい図書館活動を推進していくための司書とその他の職員の数の上での割合は、どんな大図書館でも少なくとも 2 対 1、規模が小さくなっていくにつれて徐々に司書の方に比重がおかれ、職員数名の小規模館では全員司書であることが望ましい。

1981-90 年度まで JLA 調査委員会の委員長であった後藤暢は、1985 年の論稿「司書職制度への道」の中でアメリカ型の図書館専門職制度を否定し、次のように記している[15]。

> 図書館業務を「専門的」業務と「非専門的」業務とに区分けする「職

務分析」の方法を適用することについては、今後、慎重な検討と、職場の民主的討議を経ることが、最低条件であろう。ちなみに、アメリカの職務分析では、伝統的に、貸出登録の受付、貸出・返却の処理が非専門的業務とみなされている。これは、貸出カウンターでの日常業務こそが専門性の源泉であるという、'70年代を通じて日本の公共図書館で確立された位置づけとは、相当な距離がある。

　貸出登録の受付、貸出・返却の処理を主とする「貸出カウンターでの日常業務こそが専門性の源泉」であるという考え方が1970年代における公共図書館界での確立された理解であったかどうかに関しては疑問が残る。しかし、JLA調査委員会やJLA首脳部に上記の後藤暢の言説のような理解の仕方があったと推察される[16]。

　上記のことをまとめると、次のようになる。貸出カウンターでの日常業務こそが専門性の源泉であるならば、「貸出カウンターでの日常業務」は規模の大小にかかわらずほとんどすべての公共図書館に存在する業務であり、そこに司書が配置されなければ本格的なサービスは不可能であり、図書館職員は（庶務業務担当の職員は除くとして）すべて司書の資格を有することが望ましい、という結論になる。そのような理解の仕方は、IFLAやアメリカ型の図書館専門職制度と相容れないのみならず、「専門職」概念とも相容れない[17]。

　1980年代以前でもJLAの中に司書職論が議論されてはいたが、これほど具体的な司書職制度の提案はなされていず、JLA調査委員会のこの提案がJLAのその後の司書職に対する考え方に大きく影響していると推察される。

1.2　JLA調査委員会の司書職制度案の形成要因

　JLA調査委員会はIFLAやアメリカ型の図書館専門職制度を知っていたであろうに、何故その両者とは異なる司書職制度を考案したのであろうか。それには2つの要因があったと推察される。第一の要因は、その司書職制度案は専門職制度の謳い文句の下での当時の職員状況の改善運動であったことである。第二の要因は、JLA調査委員会の公共図書館の業務に対する考え方である。

表3.1 司書職制度を中心とした区立図書館振興対策

階層	等級	学歴・資格等
司書主事	6等級	短大卒程度：司書または司書補の資格
	5等級	大卒程度：司書または司書補（または6等級司書主事を3年後、所定の研修・昇任選考）
	4等級	5等級司書主事を8年以上　所定の研修・昇任選考
司書副参事	3等級	4、5等級司書主事を12年以上　所定の研修・昇任選考
司書参事	2等級	司書副参事を6年以上　所定の研修・昇任選考

典拠：利光朝子「『司書職制度』はどのように求められてきたのか（2）：戦後から1990年代、東京を中心に」『みんなの図書館』478号，2017，pp. 48-57.

　まず第一の要因について考察する。

　東京都は1972年に「司書職制度を中心とした区立図書館振興対策」を作成し、表3.1のような階層案を提示している。

　その階層案はウィリアムソンが委員長を務めたALA全米資格認定委員会の報告（本書p.17）とも相似しており、図書館専門職につながるものになっている。しかし、その政策文書に対して都職労（自治労連東京都区職員労働組合）荒川支部は、「労働者の中に分断と差別をもちこむことになり、むしろ現在の支配体制の強化に一層力を貸すことになる」、として反対している[18]。

　また、1973年の荒川区立図書館職員の異動に対する不当配転提訴があり、その支援運動の一環として「図書館の国民的な発展を求める全国署名」という署名運動が行われた。その署名運動は「陰山さんの図書館復帰」、「司書養成に児童奉仕の科目を」の2項目も含めて、全国的に行われた。そのような状況下で、図書館問題研究会（以下、図問研）東京支部は1979年に次のような「23区司書職制度（案）」を作成している[19]（因みに、後にJLA調査委員会の委員長になる後藤暢もその支部の会員であった）。

(1) 司書有資格者を試験により採用、待遇は一般事務職と同じとする。
(2) (1)によって採用された者の職名を「司書」とし、他の職種との異動を行わず、図書館間で異動する。昇任・昇格は一般職と同じ基準で行う。

(3) 体系的な研修の実施。
　(4) 現在の職員で司書資格のある者は一定の研修で「司書」に、資格がなく継続的に図書館勤務を望む者は公費で司書講習を受講し「司書」となる。

　上記の図問研東京支部の「23区司書職制度（案）」もIFLAやアメリカ型の図書館専門職制度とは異なるものである。その案は東京23区では実現しなかったが、似たような制度が『公立図書館職員の司書職制度　調査報告書』の中で先進地域として紹介されている鎌倉市、大阪市、名古屋市、多摩市の図書館で実現していた、もしくは実現しつつあった。また、大阪府下のいくつかの市立図書館でも実現していた、もしくは実現しつつあった。そのようなことから、JLA調査委員会も「23区司書職制度（案）」のような考えを持っていたと推察される。すなわち、JLA調査委員会も、上記の「(1) 司書有資格者を試験により採用、待遇は一般事務職と同じとする」と、「(2) (1)によって採用された者の職名を『司書』とし、他の職種との異動を行わず、図書館間で異動する。昇任・昇格は一般職と同じ基準で行う」、という考え方を持っていたと推察される。そのような考え方は、IFLAの推奨案が示すような「図書館専門職」という概念からはほど遠いものである。
　また、『すべての公共図書館に司書の制度を』は次のようにも記している。

　　図書館職員は、住民の要求をよく理解し、資料を選択、収集、整理するための技術や知識を身につける必要があります。(中略)住民の立場に立つ必要があるという点で、図書館職員は自治体の他の職員と何ら変わるところはありませんが、今日ますます増大する住民の図書館に対する要求に直接こたえるために、図書館職員には、永い経験の蓄積と、資料に対する豊かな知識が求められます。それは、役所のいろいろな仕事を経験して得られる知識とは、全く質を異にしています。

　他方、岩猿敏生は1972年に「戦後の大学図書館における職員の問題：司書職制度確立運動を中心として」の中で次のように記している[20]。

第 3 章　1980 年代以降の司書職（司書職制度）論の歴史

　いくら外部に向って、図書館員の業務が専門的だと主張してみても、他の業務とは異る特殊な業務という程度で専門的というのであれば、ほとんどのような業務でも、みな専門的と言えるであろう。それでは、司書職の専門性を一般に納得させることはできない。

　上記の『すべての公共図書館に司書の制度を』の記述（特に図書館職員はすべて司書有資格者であるべきであるという主旨）は、まさに岩猿の指摘に相当するものと思われる。岩猿は大学図書館という文脈の中で述べているが、上記の引用文はすべての図書館に当てはまる。『すべての公共図書館に司書の制度を』の記述では、いわゆる「地方上級」と呼ばれるものとの区別は難しいし、そのような理論で専門職としての司書職制度を確立しようとしても、一般社会や人事権を握る自治体の首脳部を納得させることは難しいであろう。

　当時の「図書館専門員」（司書と司書補）の状況に関して、『公立図書館職員の司書職制度 調査報告書』（1985 年）の中にその状況を垣間見ることができる。その調査報告書は、1983 年現在、都道府県立の図書館では全職員のうち約 60％、市区立図書館では約 49％、町村立では約 51％、広域市町村圏では約 33％が司書もしくは司書補の資格保持者である、と記している（この報告書で司書と司書補の区別をしていないことに留意する必要もある）。また、「司書」の職名を有する職員が勤務している図書館は、都道府県立 68 館のうち約 81％、政令指定都市立 81 館のうち約 55％、市区立 837 館のうち約 47％、町村（広域圏を含む）立 354 館のうち約 35％、とも記している。

　JLA 調査委員会が先進図書館として取り上げている図書館を見ると、鎌倉市図書館に司書採用制度があり、市長部局に勤務している一般行政職の者が司書資格を保持しているが故に司書職に配置換えになった場合 1 号給加給されるものの、大阪市立図書館の場合は、司書の受験資格は司書資格を持つ者で、採用後は一般行政職と初任給、昇任年限等で同様の扱いである。また、短期大学の卒業者も採用後 2 年経つと 4 年制の卒業者と同様の扱いを受ける。

　JLA 調査委員会は大阪府下の公共図書館も調査していて、その調査で注目に値するのは、司書もしくは司書補を「有資格者」もしくは「専門職員」として扱い、大阪府下の公共図書館は「司書率」が約 74％である、と報告

していることである。

さらに、先進図書館として取り上げられている名古屋市図書館を見ると、1950年作成の名古屋市図書館設置条例があり、第3条に「図書館に館長、司書、司書補、事務職員、技術職員、その他必要な職員を置く」、と規定されている。しかし、1963年に改定されるまで一般行政職と比較して、給与は1号給下に格付けされていた、ということである。

なお、薬袋秀樹によると、1970年代の公共図書館では専門的職務と非専門的職務を区別せずすべて司書が行っていた、そして職務のほとんどは専門的職務と見なされ、司書の仕事として位置づけられていた[21]。

日本の公共図書館が当時以上のような状況にあったため、JLA調査委員会は「図書館専門職制度」の確立という謳い文句で、現状の改善策を狙ったものと推察される。換言すれば、JLA調査委員会は、待遇において一般行政職と変わらない（すなわち、図書館職員の中に分断と差別を持ち込まない）形の司書職を設け、図書館職員は（庶務業務担当者を除いて）すべて司書有資格者にしようとしたのである。そのように推察すると、同委員会が司書職制度確立のために挙げた6要件（本書 p.20）が理解できる。また、1974年の「図書館員の専門性とは何か（最終報告）」の中で、図書館学教育部会が1972年に作成した図書館専門職化につながる「図書館学教育改善試案」を「賛否両論を含め現在なお論議が寄せられている」と記し、以後無視の態度に出ているが、その態度も理解できる。すなわち、現状の改善策を優先させていたJLA調査委員会には、「図書館専門職」という2種（もしくは3種）の図書館職員を創出するような、さらには、職員組合的には分断と差別を持ち込むような教育改善案は到底受け入れられる性質のものではなかった、と推察される[22]。

次に第二の要因、「JLA調査委員会の公共図書館の業務に対する考え方」について考察する。

上記のように、JLA調査委員会の改善策は司書と司書補を区別せず、さらに図書館職員はすべて（庶務的業務担当者を除いて）「有資格者」とすべきであるという考え方に立っている。そうすると、図書館業務は（庶務的業務を除いて）すべて専門性を有しているという発想（理解の仕方）が必要になる。『すべての公共図書館に司書の制度を』と『公立図書館職員の司書職制度　調

査報告書』を読めば、当時そのような考え方があったことが推察される。そして、そのような考え方の源泉はJLA（前川恒雄主導）による1970年刊行の『市民の図書館』であると推察される[23]。

『市民の図書館』は1970年以降の日本の公共図書館の発展、特に貸出サービス、児童サービス、障害者サービス、プライバシーの保護等の進展に大きく貢献している。他方、図書館関係者の誤解もあったりして、マイナス面、特に図書館専門職の確立という視点からは大きなマイナス面も有している。塩見昇は「公立図書館のあり方を考える」の中で、『市民の図書館』の中の3つの重点目標：貸出、児童サービス、全域サービスはテコとしての政策的意味、変革の戦略であるとともに、基本的機能を全うするために、どうしてもサービスの基礎としなければならない働きとして提起された、と論じている[24]。塩見が論じるように、確かに2章以降は「図書館活動マニュアル」とも呼べる内容になっており、その活動マニュアル（？）によって、1970年以降の日本の公共図書館は発展、特に利用者が増え、貸出サービスが大きく進展した。

他方、大きな誤解を与えるような記述が1章の中にある。1章の中の項目「16 市立図書館の仕事」の中に、「資料の提供という公共図書館の基本的機能は、貸出しとレファレンスという方法であらわれる」、という一文がある。「資料の提供」の用語は英語ではどのような表現になるのだろうか。「レファレンス」という英語から移入した用語を使っている訳だから、「資料の提供」の用語に相当する英語もあるはずである。管見の限り、「資料の提供」に相当する英語を見たことがない。因みに、JLA刊行の『図書館用語集』の初版から4訂版（1988-2013年）までの中に、「資料の提供」という用語は載っていない。日本図書館情報学会（以下、JSLIS）の『図書館情報学用語辞典』初版から4版（2002-14年）までの中に、「資料提供」という用語が載っているが、それは「情報提供」と対をなす用語として載せており、「資料の提供」とは異なる意味で用いられている。

また、『市民の図書館』の中には「貸出しには、資料を貸出すことのほかに、読書案内と予約サービスを含み、移動図書館による貸出しも貸出業務の1つの方法である」、という一文がある。この文では「貸出し」と「貸出業

務」をどのように使い分けているのか、不明である。因みに、「貸出業務」は「サーキュレーション・サービス」の用語を使用した方が理解が得られやすかったと思われる。

　貸し出し（貸出業務またはサーキュレーション・サービス）の中に「読書案内」を含めているが、アメリカの図書館界ではそのようには理解されておらず、1988 年刊の『ALA 図書館情報学辞典』（1983 年刊の *The ALA Glossary of Library and Information Science* の翻訳）の項目「読書相談員」（Readers' Advisor）の定義として、「成人の読書問題に特にかかわる図書館員。選定図書リストの作成、成人読者への図書館及び図書館資料の利用案内、成人教育機関との連携などをする。Readers' Consultant, Readers' Counceler と同義語」、と記されている。2004 年の状況であるが、ライツ（J. M. Reitz）は、*Dictionary for Library and Information Science* の項目 "Readers' Advisory" の中で、「公立図書館において、成人の読書ニーズに専門化（特化）し、なおかつ経験のあるパブリック・サービス・ライブラリアンによって提供されるサービス。そのライブラリアンは、利用者の読書傾向についての知識を有し、特定のタイトルや著者を推薦する。また、推薦図書（著作）リストを作成したり、コミュニティの他の成人教育機関へのコーディネータになったりもする」、と記している[25]。2018 年刊の *Encyclopedia of library and information sciences* では、「読書案内」（readers' advisory）は一種のレファレンス・サービスとして位置づけられている。それは図書館利用者に資源（資料）を推薦するプロセスである。利用者の娯楽のための小説や非小説などの読書ニーズを知識の豊富な職員が満たしたとき、その readers' advisory サービスは成功している、と記している[26]。

　イギリス系の *The Librarians' Glossary of Terms Used in Librarianship, Documentation and the Book Crafts and Reference Book* では、1977 年刊の 4 版から 2005 年刊の 10 版まで、「読書相談員」（Readers' Advisor）の用語が使われていて、1977 年版の定義は、「利用者のための図書の選択や、系統的に読書したい利用者へのアドバイスをする、経験に満ち、教養がある巧みな図書館職員。その職員はインタビューの結果を記録し、地域の教育機関との連携を保ち、図書の利用を促進する」、となっている[27]。

第 3 章　1980 年代以降の司書職（司書職制度）論の歴史

「貸出」や「貸出業務」について調べてみると、『ALA 図書館情報学辞典』の中に、「貸出サービス」(circulation services) の用語があり、その定義は「一般に、館外利用のために図書館コレクションから借り出された資料の貸出・返却に関連する業務。以下のような業務が含まれる。特別コレクションやリザーブ・コレクションからの貸出し、貸出記録の維持、期限切れ図書の発見と回収、貸出しの更新、返却資料の排架、書庫の維持（後略）」、となっている。その「貸出サービス」の中に「読書案内」(readers' advisory) のことは一切触れられていない。

1971 年刊の *The Librarians' Glossary of Terms Used in Librarianship, Documentation and the Book Crafts and Reference Book* を見ると、"circulation work" の項目があり、その定義は、「家庭での読書のために図書を貸す部署の業務を指す用語」と規定され、"circulation desk" の定義は「イギリスの "staff enclosure" に相当するアメリカの用語」、と記されている。2005 年版では、"circulation work" の用語は削除され、"circulation desk" の定義は「職員が貸出手続きを行う図書館の領域」、と規定されている。その両版の貸出関係の用語の中に「読書相談員」(readers' advisor) のことは一切触れられていない。

以上のようなことから、アメリカやイギリスなどの状況を勘案して「読書案内」をレファレンス・サービスの中に含めるか、もしくは「貸出サービス」（貸出業務）からは独立させて、レファレンス・サービスが未発達の当時の日本の状況では貸出カウンターの所で対応する、というふうな論を、『市民の図書館』は展開すべきであったと思われる。

なお、上記したように、2010 年刊の『IFLA 公共図書館サービスガイドライン』の中でも、「ライブラリアンは（中略）コレクションの構築、情報資源の組織化と活用、利用者の情報探索及び利用への助言および支援」をし、「ライブラリー・アシスタントは（中略）、貸出、配架、図書館資料の整理作業、データ入力、ファイリング、事務的な支援、利用者の迎え入れや案内など、定型的な図書館運営にかかわる業務を遂行」する、という考え方をしている。

結論的に言うと、JLA がバイブル的なものにした『市民の図書館』、特に

上記の2つの文章が、後藤暢の「貸出カウンターでの日常業務こそが専門性の源泉である」という考え方に影響していると推察される。しかしまた、後藤は貸出カウンターでの日常業務に「読書案内」を含めていなかった可能性もある。すなわち、後藤は貸出・返却の中に専門性を見出していた可能性もある。いずれにせよ、JLA調査委員会をリードした後藤は、『市民の図書館』の影響を受けたかどうかにかかわらず、同書の真意を曲解したと推察される。つまり、『市民の図書館』の下に発したにもかかわらず、その真意に反して、1970年代以降の公共図書館界では後藤のような理解の仕方が優勢であったことが、その後の関連文献を読むと明らかである。

他方、1980年代の終わりころ、その後の大きな政策母体となるJLA図書館政策特別委員会（以下、JLA政策委員会）が設置された。同委員会は1987年に「公立図書館の任務と目標（最終報告）」を公表し、1989年には『公立図書館の任務と目標 解説』を刊行している[28)29)]。

「公立図書館の任務と目標（最終報告）」（以下、「（最終報告）」）の中の項目「5. 職員」には、次のような記述がある。

> 55　専門的な資質・能力をもった専門職員が中心となって運営することによって、図書館は住民の生活に不可欠な施設となることができる。
> 　　図書館を設置する自治体は、司書（司書補）を専門職種として制度化すべきである。その内容は次のとおりである。
> ⑴ 司書（司書補）資格をもつ者を、公開公募によって採用する。
> ⑵ 専門職員は、本人の希望または同意によるほかは、他職種へ異動されない。
> ⑶ 専門職員には、昇任の機会が適正に与えられる。

この「（最終報告）」の職員に関する以上の記述は、JLA調査委員会の司書職制度案と相似している。しかし、「専門的な資質・能力をもった専門職員が中心となって運営することによって（後略）」の記述によって、図書館業務には専門的業務と非専門的業務があるという考え方を採用していると理解できないこともない。しかしまた、図書館職員はすべて司書有資格者で、そ

の有資格者（専門職員）が中心となって運営する、という考え方を採用しているとも理解できる。JLA 政策委員会のその後の動きを見ると、後者の理解の仕方であったと思われる。「（最終報告）」は、司書（及び司書補）を専門職種として制度化しようと意図していたならば、もう一歩踏み込んで「図書館業務には専門的業務と非専門的業務があり」の表現をどこかに挿入すべきであった。

　なお、同委員会はJLA 調査委員会とは異なるメンバーで構成されていたが、上記の両文献の中にも、「図書館サービスの基本は、資料提供である。そして資料提供は、貸出とレファレンス・サービスによって成り立つ」、という一文と、「貸出には、読書案内と予約業務が不可欠のものとして含まれる」、という一文がある。

2. 1990 年代前半における司書職制度論

　この節では 1995 年までの司書職制度論を考察する。1980 年代のリーダー的存在であったJLA 調査委員会の関心は、1990 年代に入ると司書職制度の確立から職員の勤務状況の改善へと移っていく。委員の一人であった江崎邦彦が1990 年に「JLA 職員問題委員会の果たすべき役割」という一文を『図書館雑誌』に載せ、「公立図書館の問題としては、専門職制としての司書採用と身分保障の確立、研修制度の充実と補償、労働条件の整備に関しても一定の方向性を示す必要があるでしょう」と記し[30]、JLA 職員問題委員会（JLA 調査委員会の異称）は司書職制度の確立にも未だ関心があるように記しているが、1992 年の活動報告として出ているのは、（JLA 調査委員会の）関東地区小委員会の「交替制勤務と時間短縮」である[31]。

　1995 年には、JLA による委員会の仕事紹介があり、JLA 調査委員会は「近年では、学校図書館の職員問題、公立図書館・大学図書館員の専門性、図書館員の労働時間の短縮などの問題に取り組んでいます」、と記している[32]。すなわち、1990 年代前半のJLA 調査委員会の関心は主に図書館職員の勤務状況に向けられていた。1991 年にJLA 調査委員会編『公立図書館の職員像：大阪府下公立図書館職員アンケート調査報告書』が刊行されている

が[33]、同書の重要部分は既に『公立図書館職員の司書職制度 調査報告書』に含まれている。

なお、JLAは1990年に『図書館ハンドブック』第5版を刊行し、JLA調査委員会の委員の一人であった伊藤松彦が項目「3. 司書職制度と専門職」を執筆している。その中で伊藤が次のように記しているのは、留意する価値があるように思われる[34]。

> 日本の場合、全般的な専門職は多分に属人的概念で、非専門職の職務との区分は必ずしも厳密ではない（中略）欧米では単純労働としてあやしまれない業務を専門職の立場から基本的にとらえなおしてきたように、専門性に関する実践的批判的視点を示している。
>
> 司書職制度の基本的意義は（中略）図書館の管理・運営を専門職の責任に委ね、専門職が職務に専念できるよう制度的に保障することである。具体的には、図書館員の問題調査研究委員会が公立図書館の司書職制度の要件として提示した6項目が、原則的に他の館種にも妥当する。

上記にコメントを付すと、「欧米では単純労働としてあやしまれない業務を専門職の立場から基本的にとらえなおしてきたように」、というのは、「貸出業務も専門的業務」であるという理解の仕方を示唆している。また、JLA調査委員会が1985年に挙げた司書職制度の6要件（本書 p.20）は、伊藤がこの文章を記した1990年代初頭の時点でも有効であったことを示唆している。

1992年にJLAは、生涯学習審議会答申に対するJLAの見解として「図書館職員の専門性・必要性」を発表し、「4. 今こそ図書館に専門職員（司書職）の制度を」の項で次のように記している[35]。

> 図書館が生涯学習の中核的施設として十分に機能するためには、そこに働く職員（体制）の充実を計らなければならない。（後略）
>
> 文部省は今こそ、すべての図書館に図書館法で定める司書（補）を置くことを強力に推進されたい。（後略）

第3章　1980年代以降の司書職（司書職制度）論の歴史

　上記のタイトル名（「図書館職員」の名称を使用していることに注意）及び文脈から、JLA は、図書館職員（庶務業務担当者を除いて）はすべて司書有資格者であるべきであり、その資格は現状の資格制度で特に問題はないと認識していると推察される。

　それに対して、1994年、薬袋秀樹が論稿「公共図書館職員の自己改革」で司書職制度に関して次のように論じている[36]。

> 『市民の図書館』以来25年間の実践にも関わらず、司書職制度はなかなか根付いていない。その最大の要因は、司書資格の修得必要単位数が19単位で学習が不十分なため、専門性が十分でない点にあると思われる。公共図書館界はこの点を研修によって補うことを主張してきた。しかし、これは研修で対応し得る範囲を超えている。

　上記の薬袋の言説は、前記したウィリアムソンの図書館専門職論や市川昭午の専門職論とも合致しており、卓見である。薬袋はまた、JLA に司書職制度をどう発展させるかのビジョンがないことも指摘している。

　1995年には、JLA 事務局長酒川玲子が「専門職制度確立にむけて日本図書館協会の取り組み」という報告を出している[37]。その中で、「図書館員の問題調査研究委員会では職員の勤務実態等の調査レポートは多く出しているが、それらを基にどのような司書制度を構築するかという議論の展開はほとんどない」、と記している。そして、JLA の取り組むべき課題として次の2点を挙げている。

(1) あるべき司書職制度の構造を描き、それを実現するための諸条件を洗い出し、具体化へのステップを刻むこと
(2) 現在の図書館職員に対して、何をするかという問題

　事務局長酒川はそれらの解決策として、「司書制度をつくりそれを社会的に認めさせるためには、司書の働きが市民に見え、その役割が社会的に見えるようになる必要がある。（中略）それには研修制度が確立されなければな

33

らない」、と記している。すなわち、上記(2)の解決策は「研修制度の確立」ということである。上記(1)に関しては、「長期にわたる調査研究が必要であろう」、と記しているが、2018年現在に至るまでその部分は手付かずの状態である。

　この報告の中で気なるのは、入職レベルとしての当時の司書課程を容認し、さらに、1994 年に JLA によって刊行された『海外図書館員の専門職制度調査報告書』[38]に対して否定的な態度を示していることである。この文献は、JLA が石橋財団からの助成を得て JLA 調査委員会の委員であった竹内悊を筆頭に海外の司書職制度を調査させた報告書である。その報告書の中で、特に竹内悊の「アメリカの公立図書館と図書館員」[39]と前園主計の「ALA（アメリカ図書館協会）の専門職推進援助策」[40]は日本の図書館専門職としての司書職制度を考える際に参考になると解されるが、この報告書の「まえがき」で、酒川事務局長は否定的な態度を取っている。

　酒川事務局長の姿勢に代表される当時の JLA の考え方は、1995 年に刊行された『公立図書館の任務と目標 解説』増補版にも見ることができる[41]。その増補版は「職員」の項で、初版とは異なり、一歩踏み込んで次のように記している。

　　少数の「高い」資質を備えた司書がいれば、あとは司書資格のない事務職員ないしは臨時職員を配置すればよいという考え方があるが、それでは利用者に対して職責を果たすことができない。利用者と接して、いちいち司書のところに指示を受けにいくほど悠長な職場ではないし、最初の応対自体、深く図書館の理念とかかわっているからである。もちろん内部の業務も含めて、図書館の多くの業務についても同様である。行政職としての経験の必要性とか、専門職員と事務職員の割合とかを云々されることがあるが、それをいうのは専門職員が確保された上での話である。

　　少数の大規模な図書館においては、専門職制度が確立していて、専門部門と事務部門がはっきりわかれている。そのような図書館での職員のうち、専門職員と事務職員の比は、かつては 7 対 3 か 8 対 2 ぐらいであ

った。しかし、入館手続きが簡素化されたり、分館が増えたり、コンピュータが導入されていくにつれて、事務部門の比率は小さくなっている。
　また司書の熟練度などによって、例えば上級司書と下級司書に格付けし、業務も区分して、下級司書は上級司書に指示されて働くようにすべきだとする人もいるが、日本の図書館の現状にはなじまない。まず、全部の図書館に専門職制度を確立することと、司書（補）の養成制度を充実することが先決である。

　上記の引用文から読み取れるのは、貸出カウンター業務が専門性を有しており、図書館職員（庶務業務担当員を除いて）はすべて司書であるべきである、という示唆である。特に、「最初の応対自体、深く図書館の理念とかかわっているからである」、の部分は貸出カウンター業務が専門性を有しているという主張である。また、「専門職員と事務職員の割合とかを云々されることがあるが」と、「全部の図書館に専門職制度を確立すること（中略）が先決である」、という2つの文からは、貸出カウンターにおける職員も含めてすべて（庶務業務担当員を除くことになるが）司書有資格者であるべきであるという提言が読み取れる。そして、それが公共図書館における専門職制度であると主張しているように推察される。
　また、「司書の熟練度などによって、例えば上級司書と下級司書に格付けし、業務も区分して、下級司書は上級司書に指示されて働くようにすべきだとする人もいるが、日本の図書館の現状にはなじまない」、の部分にコメントを付すと、アメリカの公共図書館では"junior librarian"、"senior librarian"などと格付けされている。しかし、"senior librarian"が"junior librarian"をメンター（指導）することはあっても、指示して業務を遂行させるということはない。専門職としての"librarian"は自律性を有しているからである。なお、グレード制に関しては、教員免許の種類のようなものであり、日本では学歴によってグレード化することに特に違和感はないと思われる。現場の図書館員である稲田聡子も言及するように、短大卒の司書有資格者も大学院修了者の司書有資格者も職場では同じ司書として待遇されるとすれば、それは悪しき平等主義である[42]。図書館には「司書」、「上級司書」

というふうに 2 種類の専門職員が勤務していた方が図書館の目的をより良く達成できると推察される。その場合の「司書」と「上級司書」はランク（地位）であり、職業の名称（職種）ではないことは言うまでもない。

因みに、専門の司書と深く関わる図書館サービスに関して、JLA の上記増補版にも「図書館サービスの基本は、資料提供である。そして資料提供は、貸出とレファレンス・サービスによって成り立つ」、と記されている。

他方、図書館専門職化の観点から、この増補版は大きなメリットも有している。前述のように、ウィリアムソンは養成レベルの重要性を指摘し、市川昭午は「専門性（専門的知識とスキル）が土台にあたり、職業倫理、地位や待遇などがその上部構造を形作る」としていた。その養成や専門性に関して、『公立図書館の任務と目標 解説』は初版以来、現行の文部科学省の定める司書資格は不十分である、と指摘している。しかしまた、不十分と認識するならば、JLA 政策委員会はあるべき司書課程像を提示（提案）すべきであったとも思われる。それは、専門職団体としての JLA の責務であろう。

3. 1990 年代後半における司書職制度論

この節では 1996 年から 1999 年までに論じられた司書職制度論を考察する。最初に目立つ論稿は、1996 年公表の大庭一郎の「米国の公共図書館の貸出業務における専門的職務と非専門的職務の分離」である[43]。大庭は、1994 年には「米国の公共図書館における専門的職務と非専門的職務の分離」を公表している[44]。その 2 つの文献はアメリカの公共図書館界における専門的業務と非専門的業務の分離や貸出業務の非専門化を明らかにし、日本の司書職制度を考えていく上で極めて有用な文献である。それにもかかわらず、その後の JLA の司書職制度の取り組みにはあまり影響を及ぼしていない。

1996 年は、図書館界にとって、特に司書職にとって、不幸な年でもあった。東京特別区では 1963 年から司書の採用がなされず、それ以前に採用された区固有の司書も 1993 年にすべて退職した。1996 年 2 月、23 区の区長会から特別区職員労働組合連合会に「行政系職種の見直し」が提案され、司書職種廃止もその一環として提示された。一方、司書職制度の存続を求める動きも

あり、4月には住民による「東京23区の図書館をもっとよくする会」も発足したが、6月に同労働組合連合会が区長会の提案を受け入れ、東京23区では司書の職名が廃止された[45]。この東京23区の事例は、どのような形の司書職制度であれ、その確立過程において組合との交渉や協力なしには難しいことを明示している。因みに、司書資格を図書館（情報）学の学士号取得にすれば、組合との交渉はやりやすくなると推察される。

1997年に、JLAは、国の図書館政策に対応するために緊急の対策会議を開催した。会議では、JLAが地方分権と規制緩和の動きに対して具体的な方策を示せないまま、常にその場しのぎの対応にとどまっていた、と指摘された。そして、その要因として次の5項目が挙げられた[46]。

(1) 的確な政策分析、情報判断の欠如
(2) 情勢判断に基づく行動の乏しさ
(3) 司書そのもののレベルアップの怠り
(4) 世間やマスコミ、議員の応援の乏しさ
(5) 問題点について十分議論を深められない常務理事会のあり方

そして、今後取り組むべき課題のうちの中長期的な課題として、次の4項目が挙げられた。

① 専門職集団としての力量アップにどう取り組むか（グレード制を含め、司書の養成・研修・認定のあり方の検討）
② 図書館経営に係わる館長および司書の役割の実証的研究（司書有資格館長を対象とした調査や司書の職務分析等）
③ 図書館の設置運営に関する日本図書館協会としての基準の提示（図書館法規第19条に代わるもの等）
④ 図書館建設および運営経費の財源方策

上記4項目の中の①と②は、司書の図書館専門職化につながる課題であり、この2項目をその後検討していたならば、現在（2018年）のような状況は生

じなかったであろうと推察される。しかし、現在（2018年）まで、一時的に日本図書館協会専門性の確立と強化を目指す研修事業検討ワーキンググループ（以下、研修事業検討ワーキンググループ）により「公共図書館の業務分析」[47]がなされたものの、それ以外にJLAがこの2項目を実質的に検討した形跡は見つからない。

　他方、薬袋秀樹が1998年に論稿「日本における公共図書館学の実践的課題」を公表し、公共図書館界が取り組むべき課題を指摘し、その改革のための指針を提示している[48]。

　その中で「職員の職務と制度」の項では、次のように記している。

　　1970年代のある一時期、図書館業務のほとんどは正規職員の司書によって行われ、しかも、そのうちの若い司書は全員大学卒であった。同時期、新たに設置された市立図書館が同様に司書を採用し、図書館職員は司書有資格館長と新卒の司書で構成された。これらの図書館は日本の公立図書館のリーダー的存在になった。その結果、日本の公立図書館界の一部に庶務担当者以外の図書館職員は全員大卒の司書でなければならないという考え方が生まれた。（後略）

　　庶務担当者以外の図書館職員が全員司書である図書館では、庶務的業務を除く図書館業務はすべて司書の仕事であった。このため、公立図書館界は司書の専門的職務を明確にする必要がなく、図書館業務はすべて司書の専門的職務と考えられた。しかし、貸出業務については、管理部門は徐々に非専門的職務と見なすようになって行った。

　上記のように、薬袋は、公共図書館界では「図書館業務はすべて司書の専門的職務」という考えは実践の場から生まれたように理解している。しかし、現場の影響はあったにせよ、そのような考え方に最も大きな影響を与えたのは、上記のように、JLAが編集・刊行している『市民の図書館』であり、「公立図書館の任務と目標（最終報告）」と『公立図書館の任務と目標　解説』であった、と筆者は理解する。

　また、薬袋は、この論稿で専門的職務と非専門的職務の区分の必要性を論

じているが、「貸出サービスには専門的職務である読書案内サービスが含まれ、貸出・配架業務にも専門的職務が含まれている。これらは正規職員の司書が担当すべきである」、とも記している。『公立図書館の任務と目標 解説』でさえも2004年の改訂版では、「貸出には、資料案内と予約業務が不可分のものとして含まれる」と記し、「読書案内」の呪縛を解いている(「資料案内」については後述する)。公共図書館研究のリーダー的存在であった薬袋は、JLA政策委員会よりも先に「読書案内」の呪縛を解くべきであったと思われる。

因みに、JLAは2016年には、「公立図書館は、利用者への資料提供を基本とし、求める資料についてはリクエストや相互貸借などの制度を活用し、きちんと応えることが大切です。また、住民からの様々な読書相談や資料要求に迅速かつ的確に対応することがレファレンスサービスでは求められます」、と記して、「読書案内」の位置づけを明確に行っている[49]。

薬袋はさらに、同論稿で公共図書館の目的の明確化の必要性も説いている。1995年刊行の『公立図書館の任務と目標 解説』増補版には、公共図書館の役割として、次のようなことが記されている[50]。

> 人間は、情報・知識を得ることによって成長し、生活を維持していくことができる。また、人間は文化的な、うるおいのある生活を営む権利を有する。公立図書館は、住民がかかえているこれらの必要と欲求にこたえるために自治体が設置し運営する図書館である。公立図書館は、幼児から高齢者まで、住民すべての自己教育に資するとともに、住民が情報を入手し、芸術や文学を鑑賞し、地域文化の創造にかかわる場である。公立図書館は、公費によって維持される公の施設であり、住民はだれでも無料でこれを利用することができる。

以上の文章は、公共図書館の目的を述べていると理解できる。しかし、住民が具体的、かつ明確に理解できる程度に記述されているか、と問われれば少々疑問も残る。その領域(目的)では、上記の竹内の「アメリカの公立図書館と図書館員」が参考になる。竹内は、その報告の中で、アメリカの住民

が公共図書館に期待する役割のアンケート調査の結果を載せている。それは次のようである（％は住民の期待率）[51]。

 (1) すべての年齢層の人たちのための教育支援センター（88％）
 (2) 成人のための自己学習センター（85％）
 (3) 学齢前の子どもたちが、新しい発見や学習をするセンター（83％）
 (4) 学習者や研究者の研究センター（68％）
 (5) コミュニティの情報センター（66％）
 (6) コミュニティの企業の情報センター（55％）
 (7) 快適で静かな読書、思索、または仕事の場（52％）
 (8) レクリエーションのための読書センター（51％）

以上が1990年代におけるアメリカの住民が公共図書館に期待する役割である[52]。それらの役割や文言は分かりやすく、このように公共図書館の目的を具体的に記述すると、利用者視点の目的記述ともなり、それら目的の達成には指定管理者では不可能に近いことが容易に理解できる。そして、そのような目的記述は、100年近く前にウィリアムソンが指摘したように「学識型専門職」または知的職業（learned profession）である図書館専門職（司書職）という文脈の中でどのようなものが専門的業務か、の峻別の助けにもなると思われる。なお、上記のようなことを目的とした場合、それらは最大公約数的な目的であって、あらゆる市町村図書館に該当する訳ではない。また、大阪府立図書館（アメリカでは州立図書館は公共図書館ではなく、専門図書館と見なされている）などいくつかの日本の公共図書館でも実践されていることであるが、個々の図書館ではすべてを直近の実践目標とするのではなく、利用者（グループや代表）との相談もしくは協議の上、いくつかを優先的に実践するといった経営戦略が必要になる[53]。

薬袋はまた、「司書資格の等級制」の項で、次のようにも記している[54]。

  現在の司書資格を前提とする場合、司書の専門職としての地位を高め、

かつ全国的な配置を進めるためには、①社会的に評価されるレベルまで単位数を増加することができる、②地方の町村にも専門職員を配置することができる、③既卒者にも開かれている、という3つの条件を満たすことが必要である。この3条件を満たすことができるのは、学歴ではなく、講習か資格試験で上級資格に昇格できる司書資格の等級制である。

　上記の薬袋の言説にコメントを付すと、現在の司書資格を前提とする場合、司書の専門職としての地位を高めるためには、最低限、社会的に評価されるレベルまで基礎学歴のレベルを上げる必要がある、と筆者は理解する。それが市川昭午の知的専門職論、ウィリアムソンの図書館専門職論が提唱する要件である。薬袋は、前述したように（本書 p.33）、1994 年の論稿「公共図書館職員の自己改革」で、「司書資格の修得必要単位数が 19 単位で学習が不十分なため、専門性が十分でない点にあると思われる。公共図書館界はこの点を研修によって補うことを主張してきた。しかし、これは研修で対応し得る範囲を超えている」、と述べている。薬袋は 1998 年にその考え方を変更したのであろうか。それとも、19 単位では不足だが、24 単位だと十分で、就職後の研修で専門職化できると理解したのだろうか。

　なお、薬袋の提唱する司書資格の等級制は必要であり、前述した 1972 年作成の JLA 図書館学教育部会図書館学教育基準委員会の「図書館学教育改善試案」(本章注 22) は最適な提案であると推察される。もちろん、薬袋がこの論稿で提案する講習や資格試験で上級資格に昇格できる制度も必要であろう。しかし、最優先的に取り組まなければならないのは、入職レベルにおける図書館（情報）学の履修に際しての学歴のレベルアップであろう。

　上記の筆者のコメントに対して、薬袋の賛成は得られないであろうが、「現在の司書資格を前提とする場合、司書の専門職としての地位を高め、かつ全国的な配置を進めるためには」という条件づけがもともと無理な条件づけである。公共図書館界が最初に取り組むべき課題は入職レベルを上げ、専門職としての司書の地位を高めることである。全国的な配置を進める方策を考えるのは次のステップであろう。同時にその2つを進めることは不可能であると推察される。

社会的評価（承認）と関連して、同じ1998年に清水隆が論稿「図書館員の専門性を明らかにするために」を公表している。その論稿の中で、図書館専門職としての司書職制度を確立するためには、図書館の存在意義とそれを支える図書館員の専門性が社会的に合意されることである、と論じている[55]。そして、その合意が現在なされておらず、その要因は図書館側にもある（あった）と論じ、その要因を次のように挙げている。

(1) 図書館の社会的存在意義と図書館の専門的職員の必要性を図書館内外にアピールすることが十分でなかったこと
(2) 図書館員の専門性の範囲と内容が仲間うちの合意にすぎないこと
(3) その合意も十分なものなのかどうか検証されていないこと
(4) 図書館利用者のニーズに十分にこたえきれていないこと
(5) 専門的職員が配置されていることでより高いサービスが展開できることの証明が不十分なこと

　上記の清水の言説の中に、「(2) 図書館員の専門性の範囲と内容が仲間うちの合意にすぎないこと」という一文があるが、果たして仲間うちで図書館員の専門性の内容まで考えが一致していたか（いるか）どうか、疑問の残るところである。しかし、仲間うちで一致していたとしても、図書館専門職として確立していくためには、図書館界以外（社会）からの認識や承認が必要であり、清水のこの指摘は極めて重要である。そして、上記の5項目はおよそ納得のいくものである。

4. 2000-09年における司書職制度論

　2000-09年は、図書館専門職としての司書職制度の確立という観点からは大きな変化の兆しが見えた時期であった。
　まず、公共図書館研究のリーダー的存在である薬袋が1998年に「貸出サービスには専門的職務である読書案内サービスが含まれ、貸出・配架業務にも専門的職務が含まれている。これらは正規職員の司書が担当すべきであ

る」、と述べていることの問題点を前節「3. 1990年代後半における司書職制度論」で指摘したが、小田光宏が薬袋の誤解を見事に解いている。

小田は、2000年の論稿「『市民の図書館』の再生産：図書館情報学教育の現場から」で次のように記している[56]。

> 読書案内とレファレンスサービスとは異なる（内容の）サービスであるという見解に対しては、明確に「否」と述べたいと思います。
>
> 『市民の図書館』で指摘されている読書案内は、イギリスのreader's advisory serviceに相当するものと理解することができます。イギリスでは、貸出サービスをもっぱら行う部門（図書館）をlending libraryとよび、調査資料を整えて利用者の調査要求を満たすサービスを中心にしている部門（図書館）のreference libraryと、明確に活動の「場」を別にしています。後者で提供されるサービスは、当然のことながらreference serviceとなりますが、前者においても、利用者からの質問に回答したり、図書館利用にとまどう利用者を援助したりするサービスが行われています。このサービスこそがreader's advisory serviceであり、内容的には、lending libraryにおけるreference serviceを指していると捉えられます。
>
> 単純にこの捉え方を適用すると、『市民の図書館』で主張されている読書案内とは、内容的な意味では「貸出サービス」に含めるものではなく、「貸出サービス」が行われる「場」において行われる派生的なサービスの1つと理解することになります。したがって、形式的ながら正確に記すならば、読書案内とレファレンスサービスは、異なる「場」において行われる同内容のサービスであるということになります。

上記の小田の言説は、「貸出サービス」と「読書案内」とは異なるものであるという極めて説得力のある言説になっている。この小田の言説が影響したのか、2004年の『公立図書館の任務と目標 解説』改訂版では、「貸出には、資料案内と予約業務が不可分のものとして含まれる」、に修正されている。しかし、「資料案内」とはどのようなサービスを指しているのであろうか。

「読書案内」とはどのような相違があるのだろうか。筆者には、苦し紛れの修正のようにも思われる。

また、図書館サービスに関して、『公立図書館の任務と目標 解説』は2000年の増補修訂版まで、「図書館サービスの基本は、資料提供である。そして、資料提供は、貸出とレファレンス・サービスによって成り立つ」、と記していたが、やはりその理論はおかしいと気付いたのか、2004年の改訂版では「図書館サービスの基本は、住民の求める資料や情報を提供することである。そのために、貸出、レファレンス・サービスを行うとともに（後略）」、となっている。

他方、2000年という年に、JLAと図問研の両方において公共図書館の業務分析表が作成された。JLAの公共図書館の業務分析表は、研修事業検討ワーキンググループが作成した第2次報告書で、「公共図書館の業務分析」の名称が付いている。JLA研修ワーキンググループは1998年に設置された。同ワーキンググループは、1996年の生涯学習審議会教育分科審議会の研修等に関する報告の中に「司書が、意欲をもって研修等に取り組み、その専門性を高め、図書館の専門的職員として各種の図書館サービスを向上させていくためには、研修等による専門性の向上が図書館の内外において適切に評価されることが重要である」、と記されていることに対応する形で、専門性の強化につながる研修のあり方について検討している。そして、「専門性の問題を検討するとき、当然のことながら、専門的業務とは何かをあきらかにしなければならない」、ということで、「公共図書館の業務分析［表］」が作成されたのであった[57]。

このJLAの「公共図書館の業務分析［表］」は未だ「読書案内」を項目「貸出・返却等」の中に含めてはいるが、日本の当時の公共図書館の状況を考慮すると、図書館専門職としての司書職制度の確立につながる業務分析であった。しかし、業務分析自体や貸出業務の分析法に問題があるということで、JLA首脳部や公共図書館界からは受け入れられず、その業務分析はあくまでも研修のための業務分析であるという理由づけがなされて葬られてしまった[58]。

因みに、その分析表によると、貸出・返却等の業務は10項目あり、その

うちの8項目が非専門的業務である。しかし、2004年に刊行された『公立図書館の任務と目標 解説』改訂版でもなお、「少数の'高い'資質を備えた司書がいれば、あとは司書資格のない事務職員ないしは臨時職員を配置すればよいという考え方があるが、それでは利用者に対して職責を果たすことができない。利用者と接して、いちいち司書のところに指示を受けにいくほど悠長な職場ではないし、最初の応対自体、深く図書館の理念とかかわっているからである」、という文章が載っている。すなわち、2004年刊行の『公立図書館の任務と目標 解説』改訂版は未だ貸出・返却等の業務は専門的業務であると位置づけている。

図問研の「公共図書館職用職務区分表2000年版（案）」は、図問研の中の職員問題委員会によって第47回全国大会の際の討議資料として作成された[59)60)]。この分析表も、日本の当時の公共図書館の状況を考慮すると、（知的な）図書館専門職としての司書職制度の確立につながる業務分析であった。

作成者の一人である鬼倉正敏の論稿「公立図書館の職務分析・職務区分表について」によると、2000年版の作成の際には次のような認識があった[61)]。

(1) 司書の専門性の確立には、専門技術性の確立・明確化・向上が必要である。
(2) そのためには、図書館職員の職務区分表作成や各図書館での職務分析が必要である。
(3) 職務分析・職務区分表作成の取り組みの例はあったが、十分に検討・評価されなかった。
(4) 過去においては、日本の労働慣行・人事政策や労働組合の反対で、社会的にも職務分析には否定的な背景があった。
(5) 日本の図書館サービスが確立される過程では、貸出作業を非専門と評価する職務分析・職務区分表作成は、その発展を危うくする可能性があった。そのため、この取り組みに慎重である理由があった。
(6) しかし、現在では、「貸出し」は、普及・定着し、今後の職員問題の解決のために、職務分析・職務区分表作成は、取り組むべき課題である。

鬼倉の上記の「(5)日本の図書館サービスが確立される過程では、貸出作業を非専門と評価する職務分析・職務区分表作成は、その発展を危うくする可能性があった」、という言説を受け入れると、貸出を伸ばすために、それまで偽って「貸出業務」を専門的業務として扱ってきたということになる。しかし、上記したように、JLA の刊行物ではあるが、2009年に刊行されている『公立図書館の任務と目標 解説』改訂版増補でも貸出業務を専門的業務として見なす内容の文章が載っている。そのことは、図問研の中の一部であっても、貸出業務は非専門的職務であると認識していたのに、JLA 政策委員会は依然として「貸出業務は専門的職務である」と認識していたことになる。

　鬼倉の上記の中でもう一つの重要な言説は、「しかし、現在では、『貸出し』は、普及・定着し、今後の職員問題の解決のために、職務分析・職務区分表作成は、取り組むべき課題である」、という部分である。図問研の中の職員問題委員会は、2000年現在、貸出は普及・定着していると理解している。そして、貸出・返却等の職務分析を行っている。貸出・返却等の職務分析の結果、16項目のうち11項目が非専門的職務に区分された。なおかつ、「読書案内」(「資料案内」と称しているが) が「貸出・返却等」から抜けて同等の項目になっている。

　しかし、その区分表に対して、2001年度の図問研の全国大会で、「この案によれば、貸出・返却カウンターには司書の職員はいらないことになりそうですが、本当にそれでよいとお考えですか」など、質問(疑問)が続発し、2003年版が出たが、その後図問研でも職務分析・職務区分表の話題は出なくなっている[62]。すなわち、鬼倉の期待に反して、「公共図書館用職務区分表2000年版(案)」及び2003年版はその後図問研のテーマから消えてしまっている。

　鬼倉によると、「公共図書館用職務区分表2000年版(案)」作成の際には、大庭一郎の「米国の公共図書館における専門的職務と非専門的職務の分離」や「米国の公共図書館の貸出業務における専門的職務と非専門的職務の分離」等を参考にしたということである。そのことから、図問研の中にもアメリカ型の図書館業務の分析を受け入れることのできない会員が多くいたと推

察される。

　2002年には、大庭一郎が「日本図書館協会と図書館問題研究会の職務区分表：日本の公共図書館における専門的職務と非専門的職務の分離の試み」を公表し、両案の特徴と限界を指摘している[63]。しかし、その論稿に対するその後におけるJLAや公共図書館界からの反応はあまりなく、むしろ無視の形である。

　大庭はその論稿に加えて2003年には、「図書館における専門的職務と非専門的職務の区分はなぜ必要なのか」を公表し、次のように記している[64]。

　　日本の図書館では、図書館に専門的職務と非専門的職務があり、両者を分けて担当する必要があることが十分認識されてこなかった。その結果、司書は、長年、専門的職務と非専門的職務の両方を担当し続けてきた。司書が専門的職務と非専門的職務の両方を担当する場合は、作業量の多い非専門的職務をこなすことに追われ、専門的職務を担当することが難しくなる。

　　また、司書が専門的職務に専念できなければ、司書の専門的知識は、資格を取ったときの水準にとどまるか、低下してしまう。さらに、専門的職務やそのための学習の必要性などの自覚も不十分になる。これまで、この点が十分認識されてきていないのではないかと思われる。

　　一方、図書館利用者や行政の管理部門は、司書が非専門的職務に追われて専門的サービスを提供していないために、司書が提供すべき専門的サービスの重要性がわからず、司書の役割を十分理解できなかった。

　（後略）

　以上が大庭の主要な言説であるが、筆者も同じように理解する。それでは、何故JLAを含めて日本の公共図書館界では図書館に専門的職務と非専門的職務があり、両者を分けて担当する必要があることが十分認識されてこなかったのだろうか。その要因を考察すると、専門的職務の中に貸出業務を含めたからである、と推察される。利用者が増えると貸出業務が最も忙しい業務の一つになる。そのため、現場では貸出業務を専門的職務であると理解する

と、敢えて専門的職務と非専門的職務の区別をする必要性がなくなる。

　他の要因として考えられるのは、現場の司書の消極的態度であるように思われる。貸出業務を専門的業務と理解すると、その職務への邁進は他の業務より比較的容易であり、なおかつ貸出冊数に行政効果があるとすれば、特に業務分析を行って専門的職務とは何かなど、余計な詮索をする必要性がなくなるであろう。また、本格的なレファレンス・サービス等となると、現在の司書課程での履修だけでは不十分であり、本格的なレファレンス・サービスを始めることがためらわれたのではないだろうか[65]。そのような状況が現場の司書や司書有資格者を消極的にさせていた（また、現在でもさせている）であろうと推察される。

　上記の大庭の言説と刊行年的には相前後するが、2001年に文部科学省から「公立図書館の設置及び運営上の望ましい基準」が告示されている[66]。同基準の「二　市町村立図書館」の「(八)　職員」の項で、司書に関しては次のように記されている。

　　[1] 専門的職員は、資料の収集、整理、保存、提供及び情報サービスその他の専門的業務に従事し、図書館サービスの充実・向上を図るとともに、資料等の提供及び紹介等の住民の高度で多様な要求に適切に応えるよう努めるものとする。
　　[2] 図書館には、専門的なサービスを実施するに足る必要な数の専門的職員を確保するものとする。

　その基準に関しては、中間まとめの段階で、JLAは「生涯学習審議会図書館専門委員会『公立図書館の設置及び運営上の望ましい基準について（中間まとめ)』に対する意見」を公表している[67]。職員の項では、「図書館には、専門的サービスを実施するに足る十分な数の専門的職員が配置されることが望ましい」を、「図書館には、専門的サービスを実施するに足る十分な数の専門的職員を配置する」に変更すべきであるという意見を出している。その結果、最終基準では、「図書館には、専門的なサービスを実施するに足る必要な数の専門的職員を確保するものとする」、となっている。

また、JLAは、「望ましい基準」の中間まとめで「参考資料」として付されている数値基準を本文に入れることを要望している。しかし、「参考資料」として挙げられている職員の項を見ると、奉仕人口1万人未満は5（3）（注：5人がフルタイム換算での総職員数で、（　）内の数字は有資格者数、以下同様）、1-3万人は8（4）、3-10万人は19（11）、10-30万人は53（25）、30万人以上は98（58）、となっており、JLAの図書館職員はほとんど全員有資格者とすべきであるという考え方とは相容れない。本文に取り入れられたら、JLAはその矛盾にどう対処するつもりだったのだろうか。JLAにとって幸いなことに、最終的にはJLAのその要望は取り入れられなかった。

2002年には根本彰が『情報基盤としての図書館』を刊行している。その中で、根本は資料提供論に関して次のように論じている[68]。

　　今の日本図書館協会の公共図書館政策の中心にある「資料提供論」によれば、住民の資料要求に照準を合わせた資料提供が今日の貸出図書館を作りあげたということになっている。確かに、高度成長期以降の都市近郊に住む核家族世帯は比較的に高学歴で資料要求が強かったということはいえるだろう。こういう地域に集中的にサービスを行うことで要求と政策の歯車がうまくかみあったときに、サービスの成功をみたということである。「利用者の要求」のみがあらゆるサービスの基準になってしまった点で、基本的に功罪の両面があったと考えられる。

　　「功」は、もちろん現在の貸出図書館サービスモデルの普及をもたらしたという部分である。（後略）

　　他方、「罪」の方では、図書館サービスが、貸出を中心とする業務に限定すると自己規定し、それが専門的業務であり、すべてがそこに収斂されるという考え方を導いたという点である。

　　確かに資料提供がすべてのサービスの原点になることは普遍的な原則である。が、問題はそれをどのレベルで実施するかということである。たとえばアメリカの公共図書館の発達史を見ると、初期は専門職的業務、非専門職的業務が未分化の状態で行われていた。それが徐々に貸出等の事務作業とレファレンスサービスや主題あるいは利用者の種類別の資料

提供業務が分離していく。現在でも小規模の図書館や分館では未分化のままで行われていても、規模が大きくなるほどそれは分離し、専門職がやるべき仕事が明確になっていくわけである。(後略)

　まず、公共図書館政策という面から見ると、『市民の図書館』では戦術的にサービスの範囲を広げるよりもとりあえず貸出に集中させ、それによって利用者の信頼を獲得するという方法を選択したと見ることができる。したがって、それが一応の成功をみた1980年代には、次の段階のサービスが検討されなければならなかったが、いくつかの理由でそのような選択がなされなかった。その代わり、「資料提供」とか「予約制度」といったすべてが貸出に始まって貸出に終わるというような説明の理論体系をつくりあげてしまったところに、その後広げようという段になってそれを妨げる要因が生じたということができる。つまり、「読書案内」も「レファレンス」も『市民の図書館』や『中小レポート』に書いてあることで、つまりどんなサービスも「資料提供」「貸出」の範疇にあることだから改めて言い出すほどのことはないということになってしまった。これは職員制度を発展させるという点からいえば、明らかな戦略の失敗である。

　以上、根本の理解するJLAの公共図書館政策、特に司書職制度と関連する部分を引用したが、筆者には「資料提供」がJLAの政策だけでなく、JLAの公共図書館学の中心をなす考え（理念）であったようにも理解される。そして、その考え（理念）が図書館職員はすべて司書有資格者であるべきであるという考え方につながっていると推察される。

　なお、岩本和博は1992年の論稿「貸出による公立図書館の発展」で、「利用者に対する貸出・資料提供の幅は、貸出の重視、それに伴う図書館像の転換、相互協力の充実により、大いに広がってきた。広がってはきたが、それで十分だなどと思っている公立図書館職員はほとんどいまい。私もまだまだ貸出ができていないと思っている」、と記している[69]。根本は、上の引用文で貸出が一応の成功をみた1980年代には次の段階のサービスを検討すべきであったと論じているが、筆者も大体同じような理解の仕方をしている。少

なくとも1980年代から90年代にかけては次の段階のサービスを検討すべきであったと理解する。

　JLA政策委員会は2000年の『公立図書館の任務と目標 解説』増補修訂版を改訂して、2004年に『公立図書館の任務と目標 解説』改訂版を刊行している。しかし、「職員」の項では少々の修正はあるものの、相変わらず1995年の増補版に記されている内容を繰り返しているのみである[70]。

　同じ2004年に、JLAから『図書館評価のためのチェックリスト』改訂版が刊行されている。「職員」の項の中に、「専門職員の比率は何％か」の問いがあり、解答欄は「a. 70％以上、b. 50％以上、c. 50％未満」となっている。その回答項目は、「a. 70％以上」がベストということを示唆している[71]。

　2006年は、公共図書館界にとってエポック・メイキングの年であった。同年、文部科学省生涯学習政策局に設けられた「これからの図書館の在り方検討協力者会議」(以下、「在り方検討協力者会議」)によって「これからの図書館像：地域を支える情報拠点をめざして（報告）」(以下、「これからの図書館像」)が公表された[72]。

　この報告書の特徴は、次の5点にまとめることができる。

(1) 地方公共団体の職員・議員、図書館の職員、地域の住民、地域の機関・団体の人々に図書館の利用と改革を呼びかけ、開かれた論議の場を創り出すことをめざしている。

(2) 地域社会は、地方分権、国際化、財政難、少子高齢化など、様々な課題を抱えている。このような課題を解決するには、十分な情報を集めて適切な解決策を図る必要がある。公共図書館の機能は、読書のための資料を提供すると共に、このような課題の解決に役立つ資料や情報を提供することであるとしている。

(3) 公共図書館における印刷資料の意義を認めている。しかしまた、公共図書館では印刷資料のほかインターネット上の電子情報など様々な種類の情報を一か所で利用でき、その上、これらの情報の効率的な利用法を教えてくれることを指摘している。

(4) 貸出中心の活動による戦後の図書館の発展を評価し、それらの活動

に加えて、これまで不十分であったレファレンス・サービスなどを実現することを提案している。また、図書館法の規定の調査研究や情報提供に関する趣旨を確認し、その実現を提案している。
(5) 小規模な図書館でも、IT技術や図書館ネットワーク等を利用すれば、多様な情報と資料を提供できることを明らかにしている。

「これからの図書館像」は、図書館職員に関しては、項目「効率的な運営方法」で次のように記している[73]。

> 職員を、資格、勤務経験、教育・研修歴、能力等に応じて適切な業務に配置することによって、業務の効率性を高めることが必要である。
> そのためには、司書の担う専門的業務の範囲を定め、それらの業務にどれだけの時間と労力を割くべきかを明確にすることが必要である。司書の専門的業務は、専門的知識と一定の経験年数を必要とするものであり、具体的には、地域社会のニーズの把握、地方公共団体の施策の把握、図書館運営の企画立案、サービス計画の作成、地域の組織・団体との連携協力、地域の課題や要求に応える資料の収集とコレクションの構築、レファレンスサービスと情報提供サービス、貸出サービスの管理、リクエストサービス、利用者別サービス（児童・青少年、行政・学校教育・ビジネス・子育て支援、障害者、高齢者、多文化の各サービス等）の計画の作成と実施、図書館の経営・管理などが挙げられる。

また、項目「図書館職員の資質向上と教育・研修」では次のように記している[74]。

> ① 図書館職員の資質向上
> 　社会の変化に対応して図書館を改革するには、図書館職員が意識を改革し、自身が持っている図書館の古いイメージを払拭するとともに、図書館が住民の学習や地域課題の解決に貢献できる力を持っていることをアピールする能力を身につけることが必要である。そのためには、司書

の養成課程や研修において、地域社会の課題やそれに対する行政施策・手法、地域の情報要求の内容、図書館サービスの内容と可能性を学び、情報技術や経営能力を身につけ、さらに、コスト意識や将来のビジョンを持つことなどが必要である。

② 図書館職員の研修、リカレント教育

　今後は、図書館職員の研修、リカレント教育に一層力を入れるべきである。図書館職員の研修では、1）体系的な研修プログラムの作成、2）論文・レポート、ワークショップ（演習・討論）形式等の研修方法の導入、3）その実績を評価・認定する制度の検討が必要である。リカレント教育では、社会人大学院での学習も奨励されるべきである。現在、国レベルでは「新任図書館長研修」や「図書館司書専門講座」等の研修を実施しており、これらの研修への積極的な参加も望まれる。（後略）

③ 司書の養成

　司書の養成課程では、実践的かつ専門的な知識・能力を身に付けるとともに、地域社会の課題やニーズを把握する能力、情報技術、図書館経営能力など、改革の進んだ図書館で必要となる能力を身に付けるための教育を行うことが必要である。

　司書を目指す人々の中には、旧来の図書館のイメージに魅かれている人や貸出・リクエストサービスだけを重要視している人も少なくない。新しい図書館に対する展望を持ち、現状を積極的に改革できる人材が司書となることが必要であるため、養成段階から、新しい図書館の在り方を理解できるようにすることが重要である。司書資格の修得科目の改正から既に10年が経過しており、社会の変化に対応して、科目の見直しの検討を行うことも必要であると考えられる。

　また、司書資格については、司書資格の修得科目改正の際に、従来の科目で資格を取得した司書の再教育を行うこともあわせて検討する必要がある。また、一定期間ごとに何らかの教育・研修を行って資格を更新する更新制度の検討も必要である。

以上が「これからの図書館像」の概要と職員に関する記述である。21世

紀の日本の公共図書館が目指すべき像として全体的には納得のいく将来像になっている。項目「効率的な運営方法」では、専門的業務と事務的業務の分離の重要性を示唆しており、その上、司書の業務がかなり明確に記されている。当時の公共図書館界の状況を考慮すると斬新的とも言うべき内容のものになっている。

　しかし、項目「図書館職員の資質向上と教育・研修」に関してはいくつかの疑問点もある。第1点は、項目名が示すように、養成（育成）は「教育・研修」からなり、その細目は「教育」が最初にきて、その次に「教育」でカバーできない部分を「研修」で補うという意味で（また、図書館専門職員には研修が必須であるという意味で）、「研修」がくるべきである。「これからの図書館像」ではそのようになっていない。そのことは、たまたまの手違いではなく、次のような意図的な匂いを嗅ぐことができる。

　細目「③　司書の養成」のところで、「司書の養成課程では、実践的かつ専門的な知識・能力を身に付けるとともに、地域社会の課題やニーズを把握する能力、情報技術、図書館経営能力など、改革の進んだ図書館で必要となる能力を身に付けるための教育を行うことが必要である」、と記しているが、具体的にどのような司書の養成課程が必要か不明確である。すなわち、「必要である」と記している司書像は、IFLAやウィリアムソンが論じるライブラリアン像に近いものになっている。当時の司書課程で養成するには極めて難しい司書像である。そのことに言及していない。その代わり、「司書資格の修得科目の改正から既に10年が経過しており、社会の変化に対応して、科目の見直しの検討を行うことも必要であると考えられる」、と記しているだけである。「在り方検討協力者会議」は、当時の司書課程の抜本的な改革ではなく、「科目の見直し」で「必要」な司書像を実現できると記している。「在り方検討協力者会議」が公共図書館学のリーダーたちを中心に構成されていることを考慮すると、委員がそのように理解していたとは思われない。「これからの図書館像」は国の責任（司書養成の抜本的改革）には触れない官製の公共図書館像であり、知識基盤型の専門職としての司書職制度の確立という視点からは「期待像」ではなく、「虚像」に近いものになっている。

　「これからの図書館像」には、賞賛に値する提言もある。それは、項目

「④ 専門主題情報担当者の教育」の部分で、「今後、医療、法律などに関する情報提供サービスを行うために、各分野の情報について高度な教育を受けた司書を養成する必要がある」、の記述である[75]。日本の公共図書館界ではそのような発想は出てきにくい。しかし、「これからの図書館像」は、「科目の見直し」でそのような専門主題情報担当者を育成できると考えたのであろうか。

「これからの図書館像」における図書館業務、特に貸出業務に対する考え方は、『公立図書館の任務と目標 解説』の貸出業務に対する考え方とは異なる。また、主査の薬袋秀樹は「これからの図書館像」について複数の場所で講演したり、複数回の紹介文を書いたりしている。そのような状況であったのに、JLAからの反論（もしくは、反応）は出ていない。すなわち、JLA政策委員会も含めてJLAは「これからの図書館像」を無視する態度に出ている。

同じ2006年に、JSLISが「情報専門職の養成に向けた図書館情報学教育体制の再構築に関する総合的研究」（研究代表者：上田修一）のテーマで科研費を得て調査研究を行い、その結果を「liper報告書」のタイトルで公表している。「liper報告書」は図書館専門職養成という視点からは高く評価できるが、専門職としての公共図書館司書の養成という点に着目すると課題を有している。「Liper」の公共図書館班は次に記すような問題意識で調査を行っている[76]。

　　　公共図書館を巡る諸状況は、近年、大きく変わりつつある。地方自治体の合併、PFIや指定管理者制度の導入、サービスの計画・評価の必要性に対する認識の高まり、ビジネス支援や学校支援といったサービスの広がり、課題解決型図書館の提唱など、要因ならびに事象は枚挙にいとまがない。こうした変容に伴い、図書館職員が有すべき知識や技術の内容や構造もまた変わりつつある。また、修得方法や学習機会についても、これまでとは異なるあり方を追い求めて行かなくてはならない。
　　　こうした問題意識に基づき、公共図書館班（以下、公共図書館班［ママ］）では、現在の公共図書館職員の多くは、どのような知識や技術を重視しているのか、また、そうした知識や技術の獲得に対してどのよう

な認識を持っているのか、明らかにすることが重要と考えた。その上で、実態に即しながら、あるいは、実態との「接続性」を保ちながら、現行の図書館情報学教育の改善に資する知見を見出すべきであると判断した。

　上記のように、公共図書館班の問題意識は立派であるが、すなわち、図書館専門職養成につながるような問題意識であるが、実際に行っているのは現行の司書課程の改善を視野に入れた調査研究である。このような「liper報告書」からは、公共図書館における専門職としての司書養成の展望は期待できない。
　同じ2006年に、JSLIS研究委員会が『図書館情報専門職のあり方とその養成』を刊行している[77]。根本彰が「まえがき」で、1950年に図書館法が施行されて大学が司書・司書補を養成する場になったことや、司書教諭の養成も大学で行われるようになったことで、学会に課せられた役割の中心に、図書館職の養成及びそのカリキュラム開発についての議論を行うことがあると述べ、次のようにも記している[78]。

　　その後、50年あまりの歳月が流れているが、2003年からの司書教諭の配置が義務づけられるようになったこと以外、養成に関して大きな制度的変化は見られない。（中略）国際的に見ると、図書館員養成が少なくとも大学の学部専門課程を修了することを要件とし、最近では大学院修士課程に移行しつつあることとのギャップが大きくなっている。
　　もちろん、一部の大学では司書の養成にとどまらない図書館情報学の専門課程を用意して高度なレベルの教育を提供した。文部科学省や図書館関係団体においては研修制度の整備を進めることで図書館員の知識技術の向上には注意を払ってはいる。近年では大学院における社会人対応のカリキュラムの提供も始まっている。しかしながら、上記の制度的基盤が変化しないなかでは、なかなか問題の本質的な解決ははかりにくい。

　筆者も根本と同じように理解する。すなわち、公共図書館の司書に限っても、司書課程の制度的基盤を変えない限り、本質的な解決（司書の専門職化）

第 3 章　1980 年代以降の司書職（司書職制度）論の歴史

ははかりにくいと理解する。根本はさらに、次のようにも記している。

　　資格を出す側からみても取得する側からみても、比較的簡単に資格を取得できる。資格が職業に直接結びつかないことを重視しなければ大きな問題がないようにみえる。そこにある種の安定した構造があるように感じられていることが、この状態を続けさせる理由になっているのであろう。しかし、この一見して馴れ合いとも言える構造は安定しているといえるのだろうか。何かをきっかけに崩壊する可能性はないのだろうか。また、この構造が日本の図書館情報学研究の成熟を阻害する要因になっていないだろうか。

　上記のような危機意識から、「liper 報告書」が生まれたということである。そして、この『図書館情報専門職のあり方とその養成』では「liper 報告書」の確認と、liper プロジェクトに参加しなかった研究者も含めて、図書館情報専門職のあり方とその養成体制に関して論じてもらった、ということである。

　根本の「はしがき」を読むと、また『図書館情報専門職のあり方とその養成』という書名からして、この論集の中に本格的な公共図書館司書の養成や専門職化に向けた議論が出てくると予想される。しかし、出てきていない。根本は、司書養成の現状が日本の図書館情報学研究の成熟を阻害する要因になっていないだろうか、とも述べているが、本格的な公共図書館司書の養成や専門職化に向けた議論が欠乏している要因として、そのようなことが作用している可能性もある。

　また、薬袋秀樹は 1998 年の論稿「日本における公共図書館学の実践的課題 」の中で、「日本では、まだ図書館が社会に根付いていないため、図書館はなぜ必要か、図書館の効果とは何か、図書館職員の役割は何か、図書館職員の効果とは何かといった最も基本的な問題の解明と教育が必要である。しかし、日本の公立図書館研究は、海外の研究に見られるかなり専門的なテーマを追究する場合が多く、このような基本的な問題の研究は少ない」と論じているが[79)]、薬袋の指摘する「基本的な問題の研究」の少なさもその要因

57

になっていると推察される。

　根本彰も「図書館員養成と大学教育」の中で次のように記している。「現在の図書館現場が、潜在的には巨大であるはずのニーズに十分に対応し切れていないために社会的評価の機会を逃しているのは、研究の焦点が社会的ニーズとずれていたために、それに基づく養成や研修もまた社会的ニーズを受け止められなかったからである。基本的には研究及び教育が、外国からの輸入学問とそれに基づく教育的枠組みから脱し切れていないところにその原因を求めることができよう」[80]。根本のこの記述は上記の薬袋と同様なことを指していると推察される。

　筆者には、上記の根本や薬袋の指摘する要因に加えて、「馴れ合い」（司書課程の教員グループ間）やJLA（『公立図書館の任務と目標 解説』を中心とするグループ）、それから研修で済まそうとする文部科学省の仲間たち、からのプレッシャー（潜在的抵抗）も要因となっていて、養成も含めた本格的な公共図書館司書の専門職化を論じる文献が少ないと推察される。

　根本はさらに、「liper報告書」では法改正を伴うようなプランを具体的に提案することはしなかったと述べ、「専門職教育の前提として専門職を支える制度的な基盤をつくることが不可欠であるが、そのための最初のステップとして、理念や手法をアカデミックに展開した知識ベースをつくり図書館情報学教育カリキュラムの骨格に位置づけるという考え方を採用」した、と記している[81]。それに対しては、国主導型である日本では、「図書館法」や「学校図書館法」を無視した図書館員（司書や司書教諭を含めた）の養成や図書館専門職制度（司書職制度や司書教諭制度を含めた）は考えにくい。すなわち、公共図書館における（知識基盤型の）専門職としての司書の養成に関して言えば、「図書館法」を改正して、少なくとも学部の専門課程もしくはそれに近いレベルに上げる必要があり、市町村の図書館条例に関しては、条例にそのような司書の必置義務を記させることが必要である、と推察する。「liper報告書」の姿勢は少し理想的過ぎるように思われる。渡邉斉志も、異なった視点からではあるが、「liper報告書」の功罪を論じている[82]。

　2008年には、上記のような状況の中で図書館法が改正された。JLAの理事長（当時）塩見昇は「今次の図書館法改正とこれからの課題」で、数回に

わたって文部科学省と意見交換を行い、また国会議員等への要請を行って、その効果があった、と述べている[83]。また、司書資格の要件に関しては、「司書講習の修了」と「大学に関する科目の履修」の順序を逆にし、大学における履修を主とすることに変更した（成功した）、と述べている。しかし、司書の専門職化の視点からは、依然として短期大学でも司書資格が取れるようになっており、そんなに大きな変化は起こっていない。2009 年に図書館法施行規則も改正されて、2012 年より履修すべき科目や単位数も多くなったが、以前と比べてそんなに変わっていないのが現状である。2018 年現在、148 の 4 年制大学、53 の短期大学（部）で司書課程を開講しているのがその証左である[84]。司書の専門職化の視点からは、司書資格の条件を少なくとも 4 年制の大学卒にするような図書館法の改正を、JLA は要請すべきであった。

2008 年には、JSLIS 研究委員会は『変革の時代の公共図書館』を刊行している[85]。その論集の中でも公共図書館を対象とした本格的な司書職制度は論じられていない。糸賀雅児が「図書館法 2008 年改正の背景と論点」で少し触れているだけである。図書館を動かすのは（サービスを行うのは）「人」である。公共図書館に関する 1 冊の論集の中でその「人」のこと（司書職制度）を論じないということは考えにくい。2006 年刊行の『図書館情報専門職のあり方とその養成』の中に図書館専門職としての司書のあり方とその養成に関する議論が欠乏している要因を、上記で考察したが、同じような要因が『変革の時代の公共図書館』における欠乏にも影響しているように思われる。

糸賀が「図書館法 2008 年改正の背景と論点」で、次のように記している[86]。

　　法改正によって、大学学部課程及び短大課程での養成をメインストリームとし、そこでの単位数も増加させるとあれば、大学院での図書館専門職養成（資格名称は何であれ）という話題は、当分の間、国レベルでの審議の俎上に上がってくることがないだろう。その証拠に、図書館法と博物館法の改正について集中審議した 2007 年 7 月 27 日の中教審生涯学習分科会制度問題小委員会の意見発表において、筆者は委員としてこの問題を取り上げ、今後は司書資格も学芸員資格も同様に、大学院修士課程を中心に制度化することを主張し、その議論の取りまとめにもその主

張は記載されたのだが、最後の分科会答申では、そうした主張は記載されなかった。代わって、"司書の資格要件として大学において履修すべき科目を法令上明確に定めること"(答申, p.46) が書き込まれたのである。

2008年改正のこの部分は、図書館学教育関係者の意向が反映されたものと言えるが、これでは目前のわずかばかりの改善に目を奪われ、より本質的な制度改革に着手すべきタイミングを逸したような気がしてならない。(後略)

　以上が糸賀の論述であるが、筆者も同様に理解する。すなわち、「より本質的な制度改革に着手すべきタイミングを逸した」のである。JLAは、2008年の図書館法改正の際、その中の資格要件を司書講習と大学での履修の順序を入れ替えるだけでなく、大学院とまでは言わなくとも、少なくとも4年制大学のレベルにまで引き上げるよう要請すべきであった。JLAは何故そのような要請をしなかったのであろうか。その要因は、専門職としての司書養成に対するビジョンや政策が欠如していたためであると推察される。それ以前に、JLAの性格が影響しているとも思われる。すなわち、JLAの性格が「専門職団体」というより「運動団体」という性格が強く出た場面であったと思われる。そのため、組織を犠牲にしてまで(例えば、短期大学の司書課程を司書補課程にすることなど)司書養成をレベルアップするというようなことは考えられないことであった、と推察される(そのことに関しては、後のJLA理事長の森茜も、JLAはそれまで「運動団体」の性格を有していたと指摘している。その点は後述する)。

　「これからの図書館像」を作成している「在り方検討協力者会議」により2009年に、「司書資格取得のために大学において履修すべき図書館に関する科目の在り方について(報告)」(以下、「履修すべき図書館に関する科目の在り方について」)が作成・公表された[87]。それは、「これからの図書館像」を実現するための司書の養成法に関する文書である。「在り方検討協力者会議」は、養成内容に必要な視点として、次のように記している。「司書が今日の社会において図書館に期待される役割を理解し、社会の変化や住民のニーズに対応して図書館を改革していくことが必要」であり、「このために、従来の養

第 3 章　1980 年代以降の司書職（司書職制度）論の歴史

成内容に加えて、新たに以下の観点から内容を見直す必要がある」。それらの内容とは、「(1)今後の社会における図書館の役割と意義の理解、法制度、自治体行政の制度・政策に関する知識、(2)急速に進行する情報化に対応するための、図書館の業務やサービスの基礎となる情報技術の知識や技術、(3)レファレンスサービスの体制作りと質的向上、課題解決支援サービスや発信型情報サービスに関する知識」である。そして、「図書館に関する科目は、図書館で勤務し専門的職員として図書館サービス等を行うための基礎的な知識・技術を修得するものであり、その後の図書館の業務経験や研修等を経て、さらに知識・技術を深めるための基盤を形成」するものである、と記している[88]。

　上の記述は、知識基盤型の図書館専門職の養成目標としても十分通用するものである。しかし、当時の大学や短期大学における開講単位数や授業時間数等の調査を行った結果の、その状況を改善するための提案であり、司書を専門職化しようという意図はなかった。そして、当時の 14 科目 20 単位以上を 13 科目 24 単位以上とした。図書館専門職化の視点からの何よりの問題点は基礎学力として短期大学を認めたことである。ウィリアムソンの図書館専門職、市川の専門職の考え方からすると、短期大学で資格が取れるなど、あり得ないことである。何故、そのようなあり得ない短期大学での司書資格を認めたのか。その要因は、「在り方検討協力者会議」の名称が示唆するごとく、その会議が文部科学省（国）の協力者会議だったからである。文部科学省（国）には、短期大学での司書資格を廃止する意図は全くなかったのである。「履修すべき図書館に関する科目の在り方について」の検討の際に、委員の一人が「司書の最低学歴要件を学士とする」ことを検討課題にするよう提案したところ、次回から呼ばれなくなったことがその証左である[89)90]。

　JLA は「履修すべき図書館に関する科目の在り方について」に対してどう反応したか。「在り方検討協力者会議」は最初 28 単位案を考えていた。「在り方検討協力者会議」は、JLA の図書館学教育部会の斡旋で開催された集会で 28 単位案に対するコメントを求めた。集会では 24 単位が上限だという反応が返ってきた。それ以前に、JLA は理事長名で文部科学大臣に 24 単位が上限だという主旨の文書を出している[91]。図書館専門職化の視点からは、

61

JLA が基礎教育の底上げ（司書の最低学歴要件を学士とすること）の要求を出さないだけでなく、司書課程の単位の減少を要求するなど、全く想像もつかないことが起こっている。28 単位にすると短期大学での開講は難しく、実質基礎学力の底上げにつながったと思われるが、JLA にとって大事なのは現状維持（短期大学での司書課程も含めて）であり、司書養成の専門職化は念頭になかったと推察される。

司書資格が短期大学も含めた大学での 24 単位以上の図書館情報学などの履修となったために、指定管理者でもそのような司書を準備することができるようになった。図書館流通センター（以下、TRC）は、TRC が責任をもって館長も含めたスタッフを育成し、そしてバックヤードを充実させ、指定管理者として運営するのが TRC の特長であると記している[92]。そして、2018 年の時点で TRC は 341 館の公共図書館の指定管理者になっている（2019 年 4 月 1 日現在では 520 館になっている）。「在り方検討協力者会議」と JLA はそのような状況を図書館界にどう説明できるだろうか。指定管理者の導入に関しては、図書館の設置主体者との関係（自治体の財政事情など）も考慮しなければならないが、専門の図書館員としての司書を指定管理者でも容易に準備できることが、指定管理者導入の大きな要因の一つになっていることは間違いない。

上記のように、2000 年代に入ってから公共図書館の司書に関してはいろいろ議論されてきているのに、JLA 政策委員会は他人事のように聞く耳を持たず、頑なに貸出カウンター業務が専門性を有しており、図書館職員（庶務業務担当員を除いて）はすべて司書であるべきである、と 2009 年まで主張している。

同じ 2009 年には、『公立図書館の任務と目標 解説』改訂版増補が刊行されている。「職員」の項では少々の修正はあるものの、1995 年の増補版に記されている内容が繰り返し記されている[93]。その改訂版増補にも、依然として「司書の熟練度などによって、例えば上級司書と下級司書に格付けし、業務も区分して、下級司書は上級司書に指示されて働くようにすべきだとする人もいるが、日本の図書館の現状にはなじまない」、という記述がある。2006 年に根本彰が論稿「図書館員養成と大学教育」の中で、「欧米では図書

館員のグレードとして図書館アシスタント養成の初級レベル、大学卒程度の中級レベル、大学院レベルの上級レベルがあること、(中略)こうした国々の制度を参考にしてつくったと思われる東アジアや東南アジア各国の図書館員養成においても、タイムラグはあるが同様な傾向がある」、と記している[94]。根本が記すように、近隣諸国でも図書館員のグレード制は進んでいるのに、JLA 政策委員会は頑なにグレード制を拒んでいる。

5. 2010-18 年の司書職制度論

2010 年代 (2010-18) は、最初に JSLIS による「図書館情報学検定試験」を挙げておく必要があろう。その試験は 2007 年に始まり 2013 年を最後に中止という短い期間のものであったが、それまでにない新しい試みであったという点で、特筆に値する。

その試験は「liper 報告書」の中に「資格に求められる専門的知識の一定の水準を維持するために検定試験の実施を検討すること」という提言があり、その提言に沿ったものであった。実施検討委員会の委員長を務めた竹内比呂也によると、この試験の目的は、第一に「情報専門職が持つべき知識やスキルの中核は何かということについての理解を促進するとともに、その教育のあり方についての議論を誘発し深めること」であり、第二に「高等教育においてその必要性が主張されているアウトカム評価のツールとしてこの試験を機能させることを通じて、日本の図書館情報学教育全体の質の底上げを図ること」であった[95]。

竹内は、アウトカム評価に関して、「2008 年の図書館法の改定とも関連づけて議論されるべき事項である。図書館情報学教育の制度的観点からみて、2008 年の図書館法の改定の意義は、"大学における図書館に関する科目"が制定されて司書養成教育が高等教育の中に正式に位置づけられるようになったことと、改定に至る過程において、文部科学省の協力者会議が司書資格取得自体は専門職の入門に過ぎないということを明確にしたことにある」と記している[96]。「専門職の入門に過ぎない」の意味が明確でないが、図書館法とその施行規則によると、実質はともかく、司書資格は専門職としての司書

の入職 (entry) レベルの資格である。アメリカのスクール・ライブラリアンの養成の認定基準に「initial preparation」の用語が使われているが、それが「入職レベル」である[97]。短期大学でも資格の取れる日本の司書資格はその「入職レベル」になっていない（達していない）ことは、前述した通りである。筆者がこれまで批判してきたように、2008年の図書館法の改正、それに続く「大学における図書館に関する科目」の制定は、専門職としての司書養成からはほど遠いものである。竹内は、その点を明確に位置づける必要があったと推察される。

　竹内はまた、「司書養成教育の高等教育における位置づけの明確化がなされたことにより、現行の司書課程と専門課程あるいは大学院課程を『高等教育における図書館情報学教育』という一つの軸でつなぎ、司書課程そのものを相対化するための議論の前提がようやくできたと言える」と記し、「同時に司書課程をベースとした図書館情報学教育が、高等教育として、各教育機関の自主的判断の下に展開される余地が制度的にようやく生まれたとも言える」、と記している。確かに、理論上は竹内が論じる通りかも知れない。しかし、その後、司書課程を相対化するための議論も生まれていなければ、各教育機関が自主的判断の下に展開している司書課程も極めて少ない。その証左として、2018年現在でも依然として、148の4年制大学、53の短期大学（部）で司書課程が開講され、従来と比べてそんなに大きな変化は起こっていないことを挙げることができる[98]。

　そして、何よりも「図書館情報学検定試験」自体が2013年を最後に中止に追いやられていることである。その中止の主要因は何だったのだろうか。筆者が推察するに、第一に、制度上養成システムのない大学図書館の職員も含め、図書館職員全般を対象にしたためと思われる。ターゲットを公共図書館に勤務する司書資格を有する職員に絞った方が良かったように思われる。それだと「liper報告書」の趣旨に反するかも知れないが、第1段階と理解すればあまり矛盾しないとも思われる。しかしまた、予算も人も要る検定試験をliperプロジェクトの一環にしたのがまずかったかも知れない。

　しかし、最も大きな要因はJSLISが単独で計画・実施したことにあると推察する。養成も含めた図書館員の専門職化はJLAとJSLISが協力しな

第3章　1980年代以降の司書職（司書職制度）論の歴史

ことには成し遂げられない課題であると推察する。それでは、当時のJLAにその協力要請を受け入れる余地があったかどうかとなると、当時JLAは公益法人になるために四苦八苦していたので無理であっただろうが、将来同様な計画を立てる場合は、共同プロジェクトにすべきである。

他方、JLAは、同じ2010年（度）に認定司書事業を開始している。2018年度に15人が認定司書として認定され、発足以来150人余が認定されたことになる[99]。専門職には研修が欠かせない。その意味で、JLAによるこの研修事業は重要である。

2001年の「公立図書館の設置及び運営上の望ましい基準」に代わるものとして、2012年に、文部科学省から「図書館の設置及び運営上の望ましい基準」が告示された[100]。司書に関しては、2001年とほとんど変更のない記述になっている。「第二　公立図書館」の「一　市町村立図書館」の項目「4　職員」の中に、「市町村教育委員会は、市町村立図書館が専門的なサービスを実施するために必要な数の司書及び司書補を確保するよう、その積極的な採用及び処遇改善に努めるとともに、これら職員の職務の重要性にかんがみ、その資質・能力の向上を図る観点から、第一の四の2に規定する関係機関等との計画的な人事交流（複数の市町村又は都道府県の機関等との広域的な人事交流を含む）に努めるものとする」、と記している。その記述は、現状に対する改善策の奨励であり、図書館専門職の確立に資する性質のものではない。「関係機関等との計画的な人事交流（複数の市町村又は都道府県の機関等との広域的な人事交流を含む）」の部分は、図書館専門職の確立の視点からは却って逆行するものである。

文科省生涯学習政策局社会教育課は「『図書館の設置及び運営上の望ましい基準』：主な改正内容と策定の背景」で、その作成の背景を記している[101]。その記述によると、2006年に「これからの図書館像」を作成している「在り方検討協力者会議」の提言を踏まえた改正であるという。「これからの図書館像」や「履修すべき図書館に関する科目の在り方について」の項で指摘したように、「在り方検討協力者会議」には司書養成の刷新的な改革が必要であるという認識はなく、現状の改善で十分という認識を持っていた。この新しい基準では、どこかに「現在の司書課程では不十分であるが、」という

語句を挿入すべきであったと思われる。しかし、文部科学省に己にマイナスになるような記述を期待するのはお門違いかも知れない。せめて「在り方検討協力者会議」には期待しても良いと思われるが、「在り方検討協力者会議」の主査を務めた薬袋秀樹の「『図書館の設置及び運営上の望ましい基準』制定の意義」[102]を読む限り、そのような姿勢や感覚は感じられない。

その新しい基準に対して、JLA はどう反応しただろうか。JLA は 2012 年に「『公立図書館の設置及び運営上の望ましい基準（改正案）』についての意見」を公表している。職員に関しては、次のように記している[103]。

> 趣旨を明確にするため、前段と後段を分けて記述すること。以下に例示。② 市町村教育委員会は、市町村立図書館が専門的なサービスを実施するために、継続的に図書館業務に専念できる人事管理を行う。また、必要な数の専門的職員を確保するよう、積極的な採用及び処遇改善に努める。②の後段部分の「これら職員の職務の重要性にかんがみ、その資質・能力の向上を図る観点から、（中略）計画的な人事交流に努めるものとする」は不要。資質・能力向上を図る方法は人事交流以外にもあり、前段部分との関連付けはしない。

JLA は上記のような意見を述べている。その意見の中には JLA の司書の専門職化への意気込みは感じられない。JLA 図書館政策企画委員会の中に設置された「望ましい基準検討チーム」のリーダーだった座間直壯は 2013 年に、論稿「『図書館の設置及び運営上の望ましい基準』をどのようにとらえ、どう活用するか」で、JLA の意見を集約している[104]。座間によると、JLA は司書に関して、「図書館には専門的なサービスを実施するに足る必要な数の司書有資格者（おおむね職員数の 3 分の 2 以上）を確保する」の表現にするよう、文部科学省に要望している。

その「司書有資格者（おおむね職員数の 3 分の 2 以上）」の根拠は何だろうか。本章「はじめに」で、1973 年作成の IFLA の「公共図書館基準」の中の、「発達した都会地の密集した単位に提案される最低基準は、全職員の 33％ である。多くの分館や小奉仕拠点のある単位では、40％ の方がより現実的であ

る」、という部分を紹介したが、それとの相違の根拠は何だろうか。また、「公立図書館の設置及び運営上の望ましい基準について（中間まとめ）に対する意見」の参考資料として挙げられている職員数（奉仕人口1万人未満は5（3）、1-3万人は8（4）、3-10万人は19（11）、10-30万人は53（25）、30万人以上は98（58））に対しては何のクレイムも付けていなかったのに、何故職員総数のおおむね3分の2以上は司書有資格者である必要があるのだろうか。その数字が説得性を持つためには、JLAは図書館業務の分析を行い、上記の参考資料のように、奉仕人口ごとに必要な職員総数とその中で占める司書有資格者数を割り出す必要があったように思われる。

『図書館雑誌』は、2012年に4回目の「これからの日本図書館協会」の特集を組んでいる。その主旨について、編集委員長の谷口豊は、次のように記している[105]。

　　目端の利いた人事担当者から見れば、短大で取れる資格職という制度設計を見抜いて、「短大卒担当職ですね」ということになり、派遣法の指導当局から見れば、専門26業種としての認定業務について、かろうじて残っていくのは目録・分類等の整理業務だけ。「レファレンス業務は含みません」という解釈がQ&Aに示されることになる。その派遣の枠組みの中でさえ、時間給の相場比較から導かれる司書の「価値」はショッキングでさえある。派遣スタッフの肉声からすれば、時間給を比較して「低いため司書職」をあきらめ、「高い一般事務職」に移っていく理由は単純で、「自活していくために、あきらめました」ということになっている。

　　こうした司書職をとりまく具体的な事例が示しているのは、日本図書館協会が公益法人移行を果たそうとする視界の先に俯瞰しておくべきことは、こうした社会的な司書評価を変えていく取り組みだということではなかろうか。

　　定款改正の議論を済ませた後の今回の特集では、4回目となる連続企画の最後に、「協会の事業仕分け」として、協会のヒト・モノ・カネの視点からの論考をお願いした。

上記の谷口の言述は、司書の社会的評価の低さに対して、協会はどう取り組むべきかを問うているとも理解できる。それに対して、5人が論考を寄せている。その中からいくつかの論考について、以下にコメントする。

最初のコメントは森茜（当時、新公益法人制度移行準備委員会委員長）の論稿に対してである。森は「これからの日本図書館協会 事業展開の新たな視点」で次のように記している[106]。

> 日図協は1892年に25人の図書館人によって職能集団として誕生し、職能集団として発達した。職能集団は、たとえて言うならば一種のギルドだ。（中略）現行日図協定款に「図書館員の待遇向上や厚生」がうたわれているのはこの名残だろう。（後略）
> しかし、今や、図書館の普及とともに、図書館員という特定の職業に必要な知識・技術の習得や職業上のプロモート・環境改善等の職能集団としての問題を超えて、図書館という機能が市民の生活にどのような役割を果たすか？　図書館員である会員は職業上の立場からではなく日図協という民間の立場から、どんな役割を果たせるのか、という機能集団に変化しつつあるのだ。

以上の森の論考にコメントすると、公益法人移行前の日図協定款に「図書館員の待遇向上や厚生」が謳われているのは確かにギルド的である。上述したように、JLAの1980年代の公共図書館の司書に対する考え方はギルド的であった。筆者は、その当時の考え方や運動は「図書館専門職」という謳い文句の下での司書の待遇改善運動であったと指摘した。そのような考え方が公益法人移行直前まで続いていたと推察する。その証拠の一端として、2012年まで理事長であった塩見昇が「120年からの新たなスタートに思う」で、「日本図書館協会（日図協）のめざす運動の課題」という表現の仕方をしていることを挙げることができる[107]。すなわち、塩見理事長は日図協を運動団体として理解していたように思われる。

森は、日図協の新しい姿勢として「機能集団」という耳慣れない用語を使っているが、「図書館専門職の団体」という考え方で、森が今後期待するよ

うな機能が果たせる団体になり得る、と筆者は理解する。因みに、図書館専門職として相当程度確立しているアメリカとオーストラリアの職能集団（専門職団体）は、自分たちの機能を次のように規定している。

(1) アメリカ図書館協会（American Library Association: ALA）の場合[108]：

ALA の目的は図書館サービスと図書館職を促進することである。その使命は、すべての人に学習の強化及び情報へのアクセスを確かなものにするために、図書館情報サービスと図書館専門職の開発、促進及び進展に関してリーダーシップを発揮することである。

(2) オーストラリア図書館情報協会（Australian Library and Information Association: ALIA）の場合[109]：

ALIA は国民に質の高い図書館・情報サービスの開発、促進及び提供を通じて、また、リーダーシップ、アドボカシー及び互いの専門職的支援を通じて図書館情報専門職を強力にする。ALIA の目的は次のようなものである

① すべてのオーストラリア国民の利益にかなうように情報とアイディアの自由な流通を促進すること、そして文化や経済の振興、環境の整備及び民主主義を促進すること。

② あらゆる図書館・情報機関によるサービスを促進、進展させること。

③ 情報提供に従事している人たちの高基準を確かなものにし、彼ら／彼女らの関心と意欲を培うこと。

④ 政府、他の組織及びコミュニティへ会員の関心事を代表して表明すること。

⑤ 人々が支援者や会員になることによって、図書館・情報サービスの進展に貢献するよう奨励すること。

⑥ 現代及び未来の世界が直面している（するだろう）挑戦に応答するという意味で、国連の人権宣言 19 条と 2030 年持続可能な開発目標の原則に同意すること。

2番目のコメントはJLAの図書館学教育部会の部会長であった山本順一の論稿に対してである。山本は「日本図書館協会の内部単位組織としての図書館学教育部会の存在意義について」でALAの認定委員会（Committee on Accreditation: COA）について記している[110]。JLAの図書館学教育部会に相当するのは教育委員会（Committee on Education: COE）である。COEについては一言も触れずにほとんどのスペースをCOAに費やすと、読者はCOAがJLAの図書館学教育部会に相当すると勘違いしてしまう。COAはアメリカの図書館情報学の進展において欠かすことができない重要な役割を担っているが、その役割は日本では文部科学省と図書館法施行規則が担っている。専門職や図書館専門職を論じる場合、特に専門職団体に担わされている役割に関してはアメリカやオーストラリアと日本とでは大きな相違がある。その点、アメリカやオーストラリアと比較する場合、特に留意する必要がある。

3番目のコメントは叶多泰彦の論稿に対してである。叶多は「日本図書館協会の今後のあり方と、認定司書等の活用を考える」で、IFLA図書館協会管理運営部会（IFLA Management of Library Association Section）のガイドラインを紹介している[111]。極めて参考になる内容である。しかし、そのガイドラインを日図協に適用する（参考にする）場合には慎重でなければならない。何故ならば、そのガイドラインは専門職団体の管理運営のためのガイドラインであり、ガイドラインにおいて「会員」とは専門職のライブラリアンのことを指しているからである。日図協は専門職団体たるべき性格を有しているが、ライブラリアン（司書）としての資格を有する人も有しない人も等しく会員になれるという意味で、実態は専門職団体になっていない。そのため、そのガイドラインを日図協に適用する（参考にする）場合には、最初に日図協を専門職団体にする必要がある。もしくは専門職団体になっているという想定の下で適用する（参考にする）必要がある。叶多は、会費の額の設定を検討する際には会員区分を定義し、それぞれの区分に会費を払わせる必要がある、例えば、学生、一時的失業者、引退者、施設会員などの会員区分がある、とガイドラインに記されているのを参考にして、日図協が進めている学生向けの会費設定に賛成すると記しているが、日図協が専門職団体になるた

めには、最初に資格者と無資格者の間の会員仕分けをする必要がある。

　因みに、アメリカの図書館界では図書館専門職員（ライブラリアン）と非図書館専門職員（準図書館専門職員、図書館テクニシャン、図書館アシスタントと呼ばれることが多い）が存在するということは常識で、ALAの会員になる際にも区別を設けている。2017年現在、ALAの正会員（ライブラリアン）が2万8769人、支援会員（support staff）が1563人、学生会員が7326人、機関（organization）会員が5545機関、企業会員が171企業である[112]。

　オーストラリアの場合、ALIAは、個人会員の部では専門職会員（Associate, Library Technician, Allied Field）と一般会員の2種に分けている。それらの会員の数は不明であるが、2018年現在、Associate（librarian）が1万5400人、library technicianが6600人、library assistantが7200人、が図書館に勤務している、と推測されている[113]。

　2013年には、森茜日図協理事長が論稿「21世紀型社会における"図書館の任務と目標"を探し求める」を公表している[114]。その中で、日図協の活動成果を振り返り、「1980年"図書館員の倫理綱領"を発表、1982年『図書館年鑑』発刊、1989年「公立図書館の任務と目標」発表、2010年日図協認定司書制度発足。これらの中でも、1954年の"図書館の自由に関する宣言"と1989年の「公立図書館の任務と目標」は、半世紀、四半世紀たっても、図書館運営の基本理念として機能し続けている。色褪せていないことに驚かされる」、と記している。筆者が、『公立図書館の任務と目標　解説』は2009年の改訂版増補まで、職員の項では図書館専門職の視点から問題があることを指摘しているが、森日図協理事長はその部分も含めて色褪せていないと評価している。

　2018年には、森茜理事長は「公益社団法人日本図書館協会の新たな展望のために」を公表し、次のように記している[115]。

　　21世紀も5分の1が過ぎようとしているいま、図書館を取り巻く社会環境は大きく変貌を見せている。図書館を含む地球規模の情報通信環境の激変、第4次産業革命と言われる産業経済構造の変化、超高齢社会

の到来、等々。このような社会環境の変貌の中で、図書館は、地域社会の中でどのようにその機能を発展・変化させていくか、専門職たる図書館員はどのような社会的役割を果たし、社会的地位を築いていくのか。日図協は、これまでに歩んだことのない道を歩むことが想定される。
（後略）

上記のように、JLA 理事長の森は、「専門職たる図書館員はどのような社会的役割を果たし、社会的地位を築いていくのか」を大きな政策課題の一つとして掲げている。しかし、森理事長は 2013 年に、上記のように、『公立図書館の任務と目標 解説』に記されている政策を指示し、JLA は 2018 年には「図書館職員は正規職員かつ司書有資格者とすること」を要望している[116]。そのような政策で、（知識基盤型としての）専門職としての図書館員（司書）は社会的地位を築いていけるのか、はなはだ疑問である。

森理事長が述べるように、「専門職たる図書館員はどのような社会的役割を果たし、社会的地位を築いていくのか」は JLA の大きな政策課題の一つであると推察するが、小田光宏は 2018 年の論稿「これまでの歩みを振り返り、これからの歩みを考える」で、JLA の事業に関して次のように記している[117]。

> 定款上、図書館員の能力開発を支える事業が筆頭にあることは、協会の性格を考える上で重要と考える。世界的にも、多くの「図書館協会」は「専門職団体」としての役割を中核に据えており、協会がそれに関係する事業を第一にしているのは了解できる。しかし、世界のそれが、教育機関の認定（アクレディテーション）や資格付与といった機能までも有していることと比べると、協会の体制は大きく異なる。しかも、前身の社団法人の時代から、個人会員の減少傾向は止まっておらず、「図書館団体」ではあっても、「専門職団体」としては弱体であるという指摘も的外れとは言えない。言い換えれば、筆頭事業である図書館員の支援を推進することを通して、図書館そのものの振興を行うというロジックあ

るいはストーリーは、成り立ちにくい。

　上記の小田の言述にコメントを付すと、確かに、他国の専門職団体として認められている多くの図書館協会が養成機関の認定や資格付与といった機能までも有している。JLAにはそのような機能は付与されていない。だからといって、JLAが専門職団体として性格に欠陥がある訳ではない。各国の専門職団体は各国の法制度の下で（法的制約の下で）専門職団体の役割を果たしている。日本で専門職の論議をする際、特に専門職団体の役割や機能を議論する際には、その点を留意する必要がある。第2点は、「個人会員の減少傾向は止まらず、『図書館団体』ではあっても『専門職団体』としては弱体である」、ということに関して、2018年の森理事長の発表によると、個人会員は3500、施設会員は2300である[118]。確かにそのような状況は「専門職団体」というより「図書館団体」と呼ぶ方がふさわしい。しかし、JLAは、そのような状況を改善して、「図書館員の支援を推進することを通して、図書館そのものの振興を行うというロジック」（筆頭事業）を維持すべきであると推察する。それが、専門職団体としてのJLAの第一の最も重要な機能である。事業は人が成すものである。その人の育成を抜きにしては事業の成功はあり得ない。

　この論稿が対象とする最後の年（2018年）に、JSLIS研究委員会が『公共図書館運営の新たな動向』を刊行している[119]。その論集に対してもコメントをしておきたい。論集の中に司書の専門職化は論じられていない。一つの章は「図書館における経営組織と司書の専門性」になっているが、日本の司書に関しては一言も触れられていない。司書や司書職に関しては「新たな動向」が見られないから、という理由が考えられるが、目次にも索引にも「館長」や「司書」の語句が出ていないのには違和感を持つ。日本の「館長」や「司書」のテーマが抜けている要因を考察すると、2006年刊の『図書館情報専門職のあり方とその養成』の中に本格的な公共図書館司書の養成や専門職化に向けた論議が出ていない要因を3つ推察したが、同じような要因がこの論集にも作用していると推察される。

6. まとめ

　2005年当時JLA事務局長であった松岡要が論じている司書職制度論に関して、彼がどのようにしてそのような理論を形成するようになったかを探るために、1980年代以降の司書職制度（司書職）論を考察した。「1980年代以降」としたのは、松岡の司書職制度論が、1985年にJLA調査委員会が提案している司書職制度論と全く同じものだったからである。また、司書職制度の確立に際して、最も重要な役割を負っているのはJLAであり、松岡が長期間にわたってJLAの重要なポストである事務局長の任に当たっていたからでもある。

　考察の結果、1980年代の特徴は、JLA調査委員会の司書職制度論が大きな比重を占めていることであった。そして、理論形成の背景には、当時の「専門的職員」（司書と司書補）の不安定な状況があった。つまり、JLA調査委員会の司書職制度案は、「図書館専門職」という謳い文句の下での当時の「専門的職員」の改善運動であった。「専門的職員の改善運動」が「図書館専門職」の確立につながる、という論理も成り立つが、そのような考え方はIFLAやアメリカの考え方とは大きく異なり、時が経つにつれて（その後の状況の変化により）、それは甘い考えであることが判明した。

　その理論形成のもう一つの要因は、JLAの1970年刊行の『市民の図書館』にあった。『市民の図書館』は貸出サービスを重視していた。1970年までは日本の公共図書館は低調で、館数も少なく、貸出もそう多くなかった。そのような状況で、『市民の図書館』は活動マニュアルとして最適であった。しかし、その後、JLA調査委員会を中心にその他の公共図書館関係者が『市民の図書館』を「公共図書館学」のバイブルみたいに理解してしまった。すなわち、公共図書館の最も重要なサービスは「貸出サービス」であり、司書はそのサービスに全力を注ぐべきである、というふうに理解してしまった。結果、「貸出サービス」は専門的業務であるということになった。「貸出サービス」はほとんどあらゆる図書館の基本的機能であり、そこには司書が必要であり、司書が多ければ多いほど「貸出サービス」は伸びる、という発想が

生まれた。

1990年代の特徴は、まず1994年に薬袋が「公共図書館職員の自己改革」で次のように論じたことであった。

> 『市民の図書館』以来25年間の実践にも関わらず、司書職制度はなかなか根付いていない。その最大の要因は、司書資格の修得必要単位数が19単位で学習が不十分なため、専門性が十分でない点にあると思われる。公共図書館界はこの点を研修によって補うことを主張してきた。しかし、これは研修で対応し得る範囲を超えている。

同じく1994年に、JLAから『海外図書館員の専門職制度調査報告書』が刊行された。その中に収められている竹内の「アメリカの公立図書館と図書館員」と前園の「ALA（アメリカ図書館協会）の専門職推進援助策」は、日本の図書館専門職としての司書職制度を考える際に参考になる文献であった。しかし、酒川JLA事務局長を含め、JLAは無視した。

1995年には、酒川JLA事務局長が「専門職制度確立にむけて日本図書館協会の取り組み」を公表しているが、その後、研修プログラムを除けば、具体的には何の取り組みもなされなかった。

1990年代はまた、JLA調査委員会に代わって、JLA政策特別委員会が前面に出てきた時代であった。JLA政策特別委員会は、1987年に「公立図書館の任務と目標（最終報告）」を公表し、1989年には『公立図書館の任務と目標 解説』を刊行した。そして、1995年に『公立図書館の任務と目標 解説』増補版を刊行している。それには、次のように記された。

> 少数の「高い」資質を備えた司書がいれば、あとは司書資格のない事務職員ないしは臨時職員を配置すればよいという考え方があるが、それでは利用者に対して職責を果たすことができない。利用者と接して、いちいち司書のところに指示を受けにいくほど悠長な職場ではないし、最初の応対自体、深く図書館の理念とかかわっているからである。

その内容は、JLA 調査委員会の司書職制度案と同じく、貸出業務に専門職性があり、司書が多ければ多いほど「貸出サービス」は伸びる、という理論である。

1996 年には、大庭が「米国の公共図書館の貸出業務における専門的職務と非専門的職務の分離」を公表した。大庭は 1994 年には、「米国の公共図書館における専門的職務と非専門的職務の分離」を公表していた。その 2 つの文献はアメリカの公共図書館界における専門的業務と非専門的業務の分離や貸出業務の非専門化を明らかにし、日本の知的専門職としての司書職制度を考えていく上で極めて有用な文献であったにもかかわらず、その後の JLA を含めた日本の公共図書館界にはあまり影響を及ぼさなかった。

1998 年には、薬袋が「日本における公共図書館学の実践的課題」を公表し、次のように記している。

> 1970 年代のある一時期、図書館業務のほとんどは正規職員の司書によって行われ、しかも、そのうちの若い司書は全員大学卒であった。同時期、新たに設置された市立図書館が同様に司書を採用し、図書館職員は司書有資格館長と新卒の司書で構成された。これらの図書館は日本の公立図書館のリーダー的存在になった。その結果、日本の公立図書館界の一部に庶務担当者以外の図書館職員は全員大卒の司書でなければならないという考え方が生まれた。

同じく 1998 年には、清水が「図書館員の専門性を明らかにするために」を公表している。その論稿の中で清水は、図書館専門職としての司書職制度を確立するためには、図書館の存在意義とそれを支える図書館員の専門性が社会的に合意されることである、と論じている。そして、その合意が現在なされてなく、その要因は図書館側にもある（あった）と論じ、その要因を次のように挙げている。

(1) 図書館の社会的存在意義と図書館の専門的職員の必要性を図書館内外にアピールすることが十分でなかったこと

(2) 図書館員の専門性の範囲と内容が仲間うちの合意にすぎないこと
(3) その合意も十分なものなのかどうか検証されていないこと
(4) 図書館利用者のニーズに十分にこたえきれていないこと
(5) 専門的職員が配置されていることでより高いサービスが展開できることの証明が不十分なこと

　2000年から2018年までの特徴は、まず小田が2000年に「『市民の図書館』の再生産：図書館情報学教育の現場から」を公表し、「読書案内」は「貸出サービス」に含まれないということを証明したことである。日本の公共図書館界には「読書案内」を盾に「貸出サービス」の専門的業務性を主張する人が多いが、小田によって見事に打ち破られた。しかし、「読書案内」抜きでも「貸出サービス」の専門的業務性を主張する人がいることは留意する必要がある。

　同じ2000年に、司書職が専門職化するためには必須である図書館業務の分析がJLAと図問研の両組織によってなされた。しかし、両組織の業務分析ともその後無視され、その後の図書館関係者の多くがそのような分析がなされたことがあったことを知らない。

　2005年には、図書館業務の分析などなかったかの如く、当時JLA事務局長であった松岡が、第2章の注2)に記したような司書職制度論を論じている。

　(知的専門職としての)図書館専門職として司書職制度を確立するためには、司書養成をしっかりしたもの(現在の司書課程の刷新的レベルアップ)にする必要がある。2000年から2018年までの特徴は、上記のことを除けば、主に司書も含めた「図書館専門員」の養成に関する議論が多かった。

　まず2006年に、「在り方検討協力者会議」によって「これからの図書館像」が公表された。職員に関する記述では、専門的業務と事務的業務の分離の重要性を示唆しており、その上、司書の業務がかなり明確に記されている。当時の公共図書館界の状況を考慮すると斬新的とも言うべき内容のものになっている。しかし、その司書の養成に関して、司書課程の抜本的な改革ではなく、科目の見直しで実現できるとしている。司書養成に関しては、「在り

方検討協力者会議」の能力が疑われる記述になっている。

　同じ 2006 年に、JSLIS が「liper 報告書」を公表している。首班格の根本が「専門職教育の前提として専門職を支える制度的な基盤をつくることが不可欠であるが、そのための最初のステップとして、理念や手法をアカデミックに展開した知識ベースをつくり図書館情報学教育カリキュラムの骨格に位置づけるという考え方を採用」した、と記している。しかし、国主導型である日本では、「図書館法」や「学校図書館法」を無視した図書館専門員（司書や司書教諭を含めた）の養成や図書館専門職制度（司書職制度や司書教諭制度を含めて）は考えにくい。

　2008 年には、上記のような状況の中で図書館法が改正された。当時のJLA 理事長塩見は「今次の図書館法改正とこれからの課題」で、数回にわたって文部科学省と意見交換を行い、また国会議員等への要請を行って、その効果があった、と述べている。また、司書資格の要件に関しては、「司書講習の修了」と「大学に関する科目の履修」の順序を逆にし、大学における履修を主とすることに変更した（成功した）、と述べている。しかし、司書の専門職化の視点からは、依然として短期大学でも司書資格が取れるようになっており、そんなに大きな変化は起こってはいない。2009 年に図書館法施行規則も改正されて、2012 年より履修すべき科目や単位数も多くなったが、2018 年現在でもそんなに変わっていない。

　2012 年に、文部科学省から「図書館の設置及び運営上の望ましい基準」が告示された。司書に関しては、2001 年基準とほとんど変更のない記述になっている。「関係機関等との計画的な人事交流（複数の市町村又は都道府県の機関等との広域的な人事交流を含む）」が追加、推奨され、知的専門職としての図書館専門職の確立という視点からは却って逆行する形になっている。

　2013 年には、森 JLA 理事長が「21 世紀型社会における"図書館の任務と目標"を探し求める」を書いて、「公立図書館の任務と目標」の理念を支持し、2016 年には「公立図書館の指定管理者制度について 2016」を公表して、指定管理者制度に対して反対の態度を示している。その反対文書の中で、「公立図書館の望ましい姿を堅持するためには、司書の専門職制度の確立に向けて努力することが目指すべき方向性と考えます」、と述べている一方で、

2018年の文書「公立図書館の所管の在り方等に関する意見」の中では、「図書館職員は正規職員かつ司書有資格者とすること」、と述べている。

　以上の森JLA理事長の考えをまとめると、図書館職員は（庶務担当業務を除いて）皆司書有資格者であるべきで、図書館業務は貸出業務も含めてすべて司書が担うべきであり、それが図書館専門職である、ということになる。その考え方は、JLA調査委員会から『公立図書館の任務と目標 解説』を作成したJLA政策特別委員会に受け継がれ、2005年には当時のJLA事務局長松岡に受け継がれ、現在の森JLA理事長に受け継がれている。

　そのような考え方はIFLAやアメリカの公共図書館界の図書館専門職の考え方と異なり、一部の自治体を除き、多くの自治体で受け入れられることはなかった。自動貸出が普及してきた現在、自治体のみならず、図書館界でもそのような考え方は受け入れられなくなっている。JLAは図書館業務の分析を再度行い、どのような業務に司書が必要か、自治体に示す必要がある。例えば、図問研の作成している「公共図書館職務区分表 2003年版」では、職務を「1. 司書が直接行うべき職務」、「2. 一定の研修を受けた職員がマニュアルに基づき、司書の立会いの下、直接指示を受けられる状態で行う職務」、「3. 一定の研修を受けた職員が、規則、マニュアルに基づき行う職務」、「4. その他の範囲」、に分類している[120]。JLAにもそのような業務分析が必要である（しかし、専門職化の視点からは、「公共図書館職務区分表 2003年版」のような詳細な分析は不要である）。自治体の財政状況は厳しく、毎年非常勤職員の数は増え、管理委託も増えている。専門職団体であるJLAには悠長に構えている時間的余裕はない。

注及び引用文献

1) Koontz, C. and B. Gubbin, (eds.) *IFLA Public Library Service Guidelines*, 2nd completely revised ed. IFLA, 2010, pp. 85-87. 翻訳版：クリスティー・クーンツ, バーバラ・グビン編；山本順一監訳；竹内ひとみほか訳『IFLA公共図書館サービスガイドライン：理想の公共図書館サービスのために』第2版. 日本図書館協会, 2016, pp. 124-28. https://www.ifla.org/files/assets/hq/publications/series/147-ja.

pdf［2019. 1. 25］
2) Williamson, C. C., "Training for Library Service," in Williamson, C. C., *The Williamson Reports of 1921 and 1923*, Scarecrow Press, 1971, pp. [3]-6.
3) American Library Association Committee of National Certification, "Report of A. L. A. Committee of National Certification, 1921." 上記の *The Williamson Reports of 1921 and 1923* の中の *Training for Library Work* の中に付録6として収載されている。
4) 国際図書館連盟公共図書館部会編；長倉美恵子訳「公共図書館基準」『現代の図書館』12巻3号, 1974, pp. 93-115.
5) 日本図書館協会『中小都市における公共図書館の運営』日本図書館協会, 1963, 217p.
6) 日本図書館協会編『市民の図書館』日本図書館協会, 1970, 151p.
7) 日本図書館協会図書館政策特別委員会「公立図書館の任務と目標（最終報告）」『図書館雑誌』81巻9号, 1987, pp. 555-62.
8) 日本図書館協会図書館員の問題調査研究委員会「図書館員の専門性とは何か：委員会の中間報告（図書館員の専門職性）」『図書館雑誌』64巻11号, 1970, pp. 18-20.
9) 日本図書館協会図書館員の問題調査研究委員会「図書館員の専門性とは何か（最終報告）」『図書館雑誌』68巻3号, 1974, pp. 104-11.
10) 日本図書館協会図書館員の問題調査研究委員会「"図書館員の問題"検討集会の報告：関西地方、中国地方、東京地方、東北地方 - 1 - 」『図書館雑誌』69巻6号, 1975, pp. 263-66.
11) 日本図書館協会図書館員の問題調査研究委員会編『すべての公共図書館に司書の制度を』日本図書館協会, 1984, 12p.
12) 日本図書館協会図書館員の問題調査研究委員会編『公立図書館職員の司書職制度調査報告書』日本図書館協会, 1985, 87p.
13) 上掲注12)
14) 久保輝巳「公共図書館における司書職制度の問題」『図書館雑誌』72巻11号, 1978, pp. 554-57.
15) 後藤暢「司書職制度への道」（戦後40年の歩みのなかから）」『図書館雑誌』79巻8号, 1985, pp. 455-57.
16) JLA首脳部の考え方に関しては、1986年の日本図書館協会編・発行の『「図書館業務の（管理・運営）委託」に関する実態調査報告書』の中に、「カウンター業務全般、貸出業務などの根幹的奉仕業務を委託によって処理している（後略）」、の記述を傍証として挙げることができる。なお、下線は筆者が付した。
17) なお、久保の見解に関しては、久保は「公共図書館司書論」（『図書館界』34巻1号, 1982, pp. 69-76）で、JLA調査委員会の司書職制度のための6要件と全く同じものを挙げ、「具体的にそれが実施された場合、現行の日本の小中高校の教員制度と似通った姿を想定することができる。（中略）諸外国のような高度の専門職は、まず基盤としての司書職制度が確立された後にやがて段階的に派生してくるもので

はないだろうか。'専門職制度' といわず '司書職制度' という表現で通してきたゆえんである」、と記しており、久保は提案している司書職案がIFLAやアメリカ型の図書館専門職制度とは異なることを知っていたと推察される。
18) 利光朝子「『司書職制度』はどのように求められてきたのか(2)：戦後から1990年代、東京を中心に」『みんなの図書館』478号, 2017, pp. 48-57.
19) 上掲注18)
20) 岩猿敏生「戦後の大学図書館における職員の問題：司書職制度確立運動を中心として」大学図書館国際連絡委員会編『大学図書館の管理運営：第2回日米大学図書館会議応募論文集』(大学図書館国際連絡委員会, 1972, pp. 63-72)
21) 薬袋秀樹『図書館運動は何を残したか：図書館員の専門性』勁草書房, 2001, p. 24.
22) 日本図書館協会教育部会図書館学教育基準委員会「図書館学教育改善試案」『図書館雑誌』66巻6号, 1972, pp. 30-34. 因みに、その改善案は次のようなものであった。
 (1) ［図書館学］専攻の大学院 ⇒ 専門司書
 (2) 4年制大学の図書館学科もしくは専攻 ⇒ 普通司書1級
 (3) 4年制大学の図書館学課程［非専攻］⇒ 普通司書2級
 (4) 短大の図書館学課程［非専攻］⇒ 司書補
23) 厳密な意味での「源泉」となると、日本図書館協会の1963年刊『中小都市における公共図書館の運営』まで辿る必要があると思われるが、その時期や領域に関しては別の機会に譲る。
24) 塩見昇「公立図書館のあり方を考える」『図書館界』56巻3号, 2004, pp. 169-74.
25) Reitz, J. M., *Dictionary for Library and Information Science*, Libraries Unlimited, 2004, p. 592.
26) "Types of Reference Service," in McDonald, J. D. and M. Levine-Clark, ed. *Encyclopedia of Library and Information Sciences*, 4th ed. Vol. 6. (CRC Press, 2018, p. 3914.)
27) Harrod, L. M., *The Librarians' Glossary of Terms Used in Librarianship, Documentation and the Book Crafts and Reference Book*, 4th revised ed. Deutsch, 1977, p. 686.
28) 上掲注7)
29) 日本図書館協会図書館政策特別委員会編『公立図書館の任務と目標 解説』日本図書館協会, 1989.
30) 江崎邦彦「JLA職員問題委員会の果たすべき役割」『図書館雑誌』84巻11号, 1990, pp. 732-33.
31) 日本図書館協会図書館員の問題調査研究委員会関東地区小委員会「交替制勤務と時間短縮」『図書館雑誌』86巻10号, 1992, pp. 741-44.
32) 「JLA部会・委員会のしごと '95-5- 図書館員の問題調査研究委員会、図書館の自由に関する調査委員会、図書館運営に関する基本問題検討委員会」『図書館雑誌』89巻8号, 1995, p. 620.

33）日本図書館協会図書館員の問題調査研究委員会編『公立図書館の職員像：大阪府下公立図書館職員アンケート調査報告書』日本図書館協会, 1991, 142p.
34）伊藤松彦「3. 司書職制度と専門職」『図書館ハンドブック』第5版、日本図書館協会，1990, pp. 292-95.
35）日本図書館協会「図書館職員の専門性・必要性」『図書館雑誌』86巻12号, 1992, pp. 908-09.
36）薬袋秀樹「公共図書館職員の自己改革」『図書館雑誌』88巻8号, 1994, pp. 533-38.
37）酒川玲子「専門職制度確立にむけて日本図書館協会の取り組み」『現代の図書館』33巻3号, 1995, pp. 212-15.
38）日本図書館協会編『海外図書館員の専門職制度 調査報告書』日本図書館協会, 1994, 50p.
39）竹内悊「アメリカの公立図書館と図書館員」所収上掲注38), pp. 7-19.
40）前薗主計「ALA（アメリカ図書館協会）の専門職推進援助策」所収上掲注38), pp. 21-32.
41）日本図書館協会図書館政策特別委員会編『公立図書館の任務と目標 解説』増補版, 日本図書館協会, 1995, pp. 64-65.
42）稲田聡子「図書館員のスキルと地位の向上にむけて」『図書館雑誌』102巻5号, 2008, pp. 288-90.
43）大庭一郎「米国の公共図書館の貸出業務における専門的職務と非専門的職務の分離：1920年代から1950年代までを中心に」『図書館学会年報』42巻4号, 1996, pp. 199-215.
44）大庭一郎「米国の公共図書館における専門的職務と非専門的職務の分離：1920年代から1950年代までを中心に」『図書館学会年報』40巻1号, 1994, pp. 11-39.
45）小川徹, 奥泉和久, 小黒浩司『公共図書館サービス・運動の歴史 2：戦後の出発から現代まで』日本図書館協会, 2006, p. 146.
46）日本図書館協会国の図書館政策に関する緊急対策会議「国の"図書館政策に関する緊急対策会議"の終了について（報告）」『図書館雑誌』91巻10号, 1997, p. 887.
47）日本図書館協会専門性の確立と強化を目指す研修事業検討ワーキンググループ「公共図書館の業務分析」2000. https://www.jla.or.jp/portals/0/html/kenshu/kenshuwg/siryo1.pdf［2019. 1. 2］
48）薬袋秀樹「日本における公共図書館学の実践的課題」日本図書館情報学会研究委員会編『図書館情報学のアイデンティティ』(口外アソシエーツ, 1998, pp. 145-72)
49）日本図書館協会「公立図書館の指定管理者制度について 2016（案）」www.jla.or.jp/Portals/0/data/kenkai/siteikanrikeikai2016.pdf/［2018. 10. 24］
50）上掲注41), p. 15.
51）上掲注39)
52）2018年現在、アメリカの公共図書館（他の先進的な国の公共図書館も含めて）は、住民のデジタル格差の解消や、ハッカースペースまたはメーカースペースと称される作業場（多くの場合、コンピュータやテクノロジー、科学、デジタルアートなど

に共通の興味を持つ人々が出会い、協働して作業をする場所）の役割も担うようになっている。参照：Wikipedia, "Public Library" https://en.wikipedia.org/wiki/Public_library［2018. 12. 21］
53) 公共図書館におけるサービス目標の作成に関しては、オーストラリア図書館情報協会の公共図書館ガイドラインが参考になる。参照：Australian Library and Information Association and Australian Public Library Alliance, *Guidelines, Standards and Outcome Measures for Australian Public Libraries*, 2016. https://read.alia.org.au/sites/default/files/documents/guidelines_standards_and_outcome_measures_for_australian_public_libraries.pdf［2019. 2. 12］
54) 上掲注 48)
55) 清水隆「図書館員の専門性を明らかにするために」『図書館雑誌』92 巻 10 号, 1998, pp. 874-77.
56) 小田光宏「『市民の図書館』の再生産：図書館情報学教育の現場から」『みんなの図書館』284 号, 2000, pp. 11-17.
57) JLA 専門性の確立と強化を目指す研修事業検討ワーキンググループ「専門性の確立と強化を目指す研修事業検討ワーキンググループ（第 2 次）報告書」2000. https://www.jla.or.jp/portals/0/html/kenshu/kenshuwg/index.html［2019. 1. 2］
58) 江崎邦彦「第 10 分科会（職員問題）：専門性の確立と強化を目指して」『図書館雑誌』94 巻 1 号, 2000, p. 29.
59) 図書館問題研究会「公共図書館用職務区分表 2000 年版（案）」http://www.jca.apc.org/tomonken/syokumu.csv［2019. 1. 2］
60) 大庭一郎「日本図書館協会と図書館問題研究会の職務区分表：日本の公共図書館における専門的職務と非専門的職務の分離の試み」『図書館界』54 巻 4 号, 2002, pp. 184-97.
61) 鬼倉正敏「公立図書館の職務分析・職務区分表について：司書職制度・専門性の確立に向けて」『図書館評論』41 号, 2000, pp. 48-68.
62) 「業務分析について」『みんなの図書館』293 号, 2001, p. 26.
63) 上掲注 60)
64) 大庭一郎「図書館における専門的職務と非専門的職務の区分はなぜ必要なのか」『図書館雑誌』97 巻 4 号, 2003, pp. 244-45.
65) 「本格的なレファレンス・サービス」とは何か、ということに関しては、『図書館情報学用語辞典』が、項目「レファレンス質問」のところで、即答質問、探索質問、調査質問があると記しているが、それをサービスに置き換え、即答サービス、探索サービス、調査サービスの 3 種を含むサービスが「本格的なレファレンス・サービス」と理解することができる。因みに、ライツは *Dictionary for Library and Information Science* の中の項目「reference services」で、レファレンス・サービスとは、「利用者の情報ニーズに対して図書館のレファレンス部署で訓練を受けたライブラリアンによって遂行されるすべての機能のことである」、と記している。そして、その機能とは（それだけに限らないが）実質的な質問に答えることである。

「実質的な質問に答える」ということは、①利用者が情報を見つけるために必要なツールや技術の選択方法や使い方を教えること、②利用者のために調査を行うこと、③図書館資源のある場所を教えること、④情報の評価の際に手助けすること、⑤場合によっては、図書館以外の資源へ参照（案内）すること、⑥レファレンス統計をとること、⑦レファレンス・コレクションの構築に参加することである、と記している。参照：上掲注25）https://www.abc-clio.com/ODLIS/odlis_r.aspx［2019. 7. 8］

66) 文部科学省「公立図書館の設置及び運営上の望ましい基準」2001. http://www.mext.go.jp/a_menu/sports/dokusyo/hourei/cont_001/009.htm［2019. 1. 20］
67) 日本図書館協会「生涯学習審議会図書館専門委員会『公立図書館の設置及び運営上の望ましい基準について（中間まとめ）』に対する意見」『図書館雑誌』94巻10号, 2000, pp. 797-803.
68) 根本彰『情報基盤としての図書館』勁草書房, 2002, 255p.
69) 岩本和博「貸出による公立図書館の発展：もっともっと先へ進んでいこう」『現代の図書館』30巻4号, 1992, pp. 283-95.
70) 日本図書館協会図書館政策特別委員編『公立図書館の任務と目標 解説』改訂版, 日本図書館協会, 2004, pp. 62-66.
71) 日本図書館協会図書館政策特別委員編『図書館評価のためのチェックリスト』改訂版, 日本図書館協会, 2004, 16p.
72) これからの図書館の在り方検討協力者会議「これからの図書館像：地域を支える情報拠点をめざして（報告）」2006. http://warp.ndl.go.jp/info:ndljp/pid/286794/www.mext.go.jp/b_menu/houdou/18/04/06032701/009.pdf［2019. 1. 3］
73) 上掲注72), p. 28.
74) 上掲注72), pp. 31-32.
75) 上掲注72), p. 32.
76) 日本図書館情報学会「liper報告書」2006. http://old.jslis.jp/liper/report06/report.htm［2019. 1. 10］
77) 日本図書館情報学会研究委員会編『図書館情報専門職のあり方とその養成』勉誠出版, 2006, 250p.
78) 根本彰「まえがき」所収上掲注77), pp. iii-v.
79) 上掲注48)
80) 根本彰「図書館員養成と大学教育：研究と現場の関係を踏まえながら」所収上掲注77), pp. 3-11.
81) 上掲注80)
82) 渡邉斉志「公立図書館と図書館情報学：専門職員養成制度の構築に関する取組みの批判的分析」『現代の図書館』Vol. 52, No. 1, 2014, pp. 3-12.
83) 塩見昇「今次の図書館法改正とこれからの課題」『図書館雑誌』102巻7号, 2008, pp. 436-39.
84) 文部科学省「『司書養成科目開講大学一覧』（平成31年4月1日現在）201大学」http://www.mext.go.jp/a_menu/shougai/gakugei/shisyo/04040502.htm［2019. 1. 22］

85）日本図書館情報学会研究委員会編『変革の時代の公共図書館 そのあり方と展望』勉誠出版, 2008, 202p.
86）糸賀雅児「図書館法 2008 年改正の背景と論点」所収上掲注 85), pp. 57-82.
87）これからの図書館の在り方検討協力者会議「司書資格取得のために大学において履修すべき図書館に関する科目の在り方について（報告）」2009. http://www.mext.go.jp/b_menu/shingi/chousa/shougai/019/gaiyou/1243330.htm［2019. 1. 20］
88）これからの図書館の在り方検討協力者会議「司書資格取得のために大学において履修すべき図書館に関する科目の在り方について（要旨）」2009. http://www.mext.go.jp/component/b_menu/shingi/toushin/_icsFiles/afieldfile/2009/09/16/1243331_1.pdf［2019. 1. 20］
89）根本彰「司書養成の歴史的課題を確認する」『日本図書館協会図書館学教育部会会報』82 号, 2008, pp. 16-18. http://www.jla.or.jp/LinkClick.aspx?fileticket=7d1KCIuT%2f04%3d&tabid=376［2019. 1. 22］
90）根本彰「LIPER（情報専門職の養成に向けた図書館情報学教育体制の再構築に関する総合的研究）の説明（根本委員）」「これからの図書館の在り方検討協力者会議（第 2 回）議事要旨」2006. http://www.mext.go.jp/a_menu/shougai/tosho/yousi/07011617.htm［2019. 1. 22］
91）日本図書館協会理事長塩見昇「図書館法改正に基づく司書養成の省令科目について」2008. http://www.mext.go.jp/a_menu/shougai/tosho/shiryo/08080610/002.pdf［2019. 2. 5］
92）図書館流通センター「PFI・指定管理者制度・業務委託について」https://www.trc.co.jp/outsourcing/case.html［2019. 1. 23］
93）日本図書館協会図書館政策特別委員会編『公立図書館の任務と目標 解説』改訂版増補, 2009, pp. 63-64.
94）上掲注 80)
95）竹内比呂也「図書館情報専門職養成の高度化への道：検定試験の経験を踏まえて考えたこと」『図書館雑誌』105 巻 5 号, 2011, pp. 266-68.
96）上掲注 95)
97）American Association of School Librarians and American Library Association, *ALA/AASL Standards for Initial Preparation of School Librarians (2010)*. http://www.ala.org/aasl/sites/ala.org.aasl/files/content/aasleducation/schoollibrary/2010_standards_with_rubrics.pdf［2019. 1. 24］
98）上掲注 84)
99）日本図書館協会「認定司書事業委員会」http://www.jla.or.jp/committees/nintei/tabid/203/Default.aspx［2019. 2. 17］
100）文部科学省「図書館の設置及び運営上の望ましい基準」2012. http://www.mext.go.jp/a_menu/01_1/08052911/1282451.htm［2019. 1. 20］
101）文科省生涯学習政策局社会教育課「『図書館の設置及び運営上の望ましい基準』：主な改正内容と策定の背景」『図書館雑誌』107 巻 5 号, 2013, pp. 268-70.

102）薬袋秀樹「『図書館の設置及び運営上の望ましい基準』制定の意義」『図書館雑誌』107巻5号, 2013, pp. 264-67.
103）日本図書館協会「『公立図書館の設置及び運営上の望ましい基準（改正案）』についての意見」http://www.jla.or.jp/Portals/0/data/kenkai/20120921.pdf［2019. 1. 20］
104）座間直壯「『図書館の設置及び運営上の望ましい基準』をどのようにとらえ、どう活用するか：日本図書館協会の意見と告示内容の乖離について」『図書館雑誌』107巻5号, 2013, pp. 271-73.
105）谷口豊「特集にあたって」『図書館雑誌』106巻6号, 2012, p. 388.
106）森茜「これからの日本図書館協会 事業展開の新たな視点：ネットワーク・オブ・ネットワークのハブになる」『図書館雑誌』106巻6号, 2012, pp. 389-91.
107）塩見昇「120年からの新たなスタートに思う：理事長退任の辞を併せて」『図書館雑誌』107巻7号, 2013, pp. 406-08. なお、塩見は、2016年の石塚栄二の卒寿記念講演の際、会員資格の件などを挙げて、日図協は専門職団体ではないと述べている。
108）American Library Association, *Mission & Priorities*. http://www.ala.org/aboutala/node/229/［2019. 1. 28］
109）Australian Library and Information Association, *About ALIA*. https://www.alia.org.au/about-alia［2019. 1. 28］
110）山本順一「日本図書館協会の内部単位組織としての図書館学教育部会の存在意義について：アメリカ図書館協会と対比しつつ」『図書館雑誌』107巻7号, 2012, pp. 392-93.
111）叶多泰彦「日本図書館協会の今後のあり方と、認定司書等の活用を考える：IFLAのガイドラインを参考に」『図書館雑誌』107巻7号, 2012, pp. 395-97.
112）American Library Association, *ALA Membership*, FY2006 - FY2017. www.ala.org/membership/sites/ala.org.membership/files/content/membershipstats_files/membership%20stats_files/ALA-Membership-FY2006-FY2017.pdf［2019. 1. 30］
113）Australian Library and Information Association, *ALIA LIS Education, Skills and Employment Trend Report 2018*. https://www.alia.org.au/sites/default/files/documents/ALIA%20LIS%20Education%20Skills%20and%20Employment%20Trend%20Report%202018.pdf［2019. 1. 30］
114）森茜「21世紀型社会における"図書館の任務と目標"を探し求める」『図書館雑誌』107巻7号, 2013, pp. 409-11.
115）森茜「公益社団法人日本図書館協会の新たな展望のために」『図書館雑誌』112巻4号, 2018, pp. 228-30.
116）日本図書館協会「公立図書館の所管の在り方等に関する意見」2018. http://www.jla.or.jp/demand/tabid/78/Default.aspx?itemid=3973［2019. 2. 5］
117）小田光宏「これまでの歩みを振り返り、これからの歩みを考える」『図書館雑誌』112巻4号, 2018, pp. 236-37.
118）森茜「公益社団法人日本図書館協会の新たな展望のために」『図書館雑誌』112巻4号, 2018, pp. 228-30.

119) 日本図書館情報学会研究委員会編『公共図書館運営の新たな動向』勉誠出版, 2018, 163p.
120) 図書館問題研究会「『公共図書館職務区分表 2003 年版』職員問題委員会報告にあたって」http://www.jca.apc.org/tomonken/itiran03.html［2019. 4. 30］

第4章

公共図書館長 その責務と資格

はじめに

　この章では、公共図書館長の責務と資格について考察する。責務を最初に考察し、その責務を果たすためにはどのような資格が要求されるかを考察するのが本来の筋であるが、ここでは最初に公共図書館長の資格について考察する。その理由は、資格を有する専任館長が日本の公共図書館ではあまりにも少な過ぎるということと、資格を有しない館長（素人館長）を是認するような『図書館長論の試み』が刊行され、図書館界でも受け入れられている雰囲気があるからである[1]。

1. 公共図書館長の資格

　『図書館年鑑 2018』によると、2017年現在、3292ある公共図書館で司書もしくは司書補の資格を有する専任館長はたった762人である。前年（2016年）は743人であった[2]。このような状態で日本の公共図書館は機能しているのだろうか。また、「図書館が機能する」とはどういうことだろうか。
　カナダのオンタリオ州公共図書館長協会（Administrators of Rural and Urban Public Libraries of Ontario: ARUPLO）によって2012年に作成された『公共図書館システム・ガイドライン』は、図書館長と職員の数値的な目安について次のように記している[3]。

　　図書館長は専門職ライブラリアン（professional librarian）であるべきである。図書館システムにおいては職員の3分の1は専門職ライブラリアンであるべきである。
　　また、地域館に関しては、次のように推奨する。
（1）1,000-5,000人をサービス対象とする小規模地域館では、専任換算で2.5人の職員が必要で、館長は図書館テクニシャンかExcelの資格を有すべきである。
（2）5,000-10,000人をサービス対象とする中規模地域館では、専任換算

で 2.5-5 人の職員が必要で、館長は専門職ライブラリアン、もしくは高校卒で図書館学を履修した人、そして副館長は図書館テクニシャンか Excel の資格を有すべきである。

(3) 10,000-35,000 人をサービス対象とする中規模地域館では、専任換算で 5-17.5 人の職員が必要で、館長は専門職ライブラリアン、それ以外に専任換算で 2 人の専門職ライブラリアンを有すべきである。10,000 人を越えるごとに、専任換算で 1 人の専門職ライブラリアンを有すべきである。

(4) 35,000 以上の人をサービス対象とする大規模の都会の地域館では、専任換算で最低 17.5 人の職員が必要で、館長は専門職ライブラリアン、それ以外に専任換算で 2 人の専門職ライブラリアンを有すべきである。そして、10,000 人を越えるごとに、専任換算で 1 人の専門職ライブラリアンを有すべきである。

(定義：専門職ライブラリアンとは、図書館情報学の修士号を保持している人のことである。図書館テクニシャンとは、コミュニティ・カレッジで図書館技術学（library techniques）を修了した人のことである）

(筆者注："Excel"とは、中小規模の図書館長を対象に、オンタリオ州で開講されている講習プログラムのことである）

　上記のように、カナダのオンタリオ州では選書やレファレンス・サービスなどの専門的な業務を遂行する専門職のライブラリアンよりも、まず図書館長にライブラリアンの資格を要求している。そして、図書館（地域館）の規模が小さいほど館長の資格も緩やかになっている。また、館長だけが資格保有者ということもあり得る。
　同じオンタリオ州にあるバリー（Barrie）市の図書館条例では、図書館長の資格を次のように記している[4]。

館長の資格：
(1) 図書館情報学の修士学位もしくはそれに相当する教育と経験を有していること。

(2) 最低8年間の専門職ライブラリアンとしての職務経験、及び職位が継続的に上昇していること。

(3) 最低2か年の公共図書館における上級管理職の経験を有すること。

　公共図書館の制度や司書（ライブラリアン）養成制度が異なる国（カナダ）の事例であるが、図書館長の重要性に関しては、そのような相違はあまり関係ないと思われる。

　日本の場合をさらに見ていくと、平成27（2015）年度に文部科学省が公立図書館の実態を把握すべく、「公立図書館の実態に関する調査研究」というテーマで図書館流通センター（以下、TRC）に委託調査させている[5]。2016年に公表されたその調査報告は、3173の公立図書館を対象とし、回収率は約77%であったようである。

　その調査結果は次の通りである。図書館運営方針を策定している館は約50%（1216館）、その際、住民の要望を取り入れている館はそのうち793館（約65%）である。図書館運営に関する目標を設定している館は774館（約32%）、その際、住民の要望を取り入れている館はそのうち487館（約63%）である。目標及び事業計画達成状況に関して点検及び評価を行っている館は1427館（約58%）である。

　直営館だけに絞ると1669館のうち、図書館運営方針を策定している館は818館（約49%）、その際、住民の要望を取り入れている館はそのうち498館（約61%）である。図書館運営に関する目標を設定している館は470館（約28%）、その際、住民の要望を取り入れている館はそのうち269館（約57%）である。目標及び事業計画達成状況に関して点検及び評価を行っている館は922館（約55%）である。

　2016年現在で、直営館は2737館あり、その中で有資格の専任館長はたった743人である。直営館以外の図書館での有資格館長の数字が不明であるが、TRCの上記の報告を読むと、館長は特に有資格者でなくとも務まるという印象を受ける。だが、果たして務まるだろうか。

　2017年には、大庭一郎と毛利るみこが共著で、（著者たちによると）「今後の館長養成に資するため、館長に求められる能力・知識・技術を明らかにす

ることを目的」に、論稿「日本の公立図書館長に求められる能力に関する調査」を公表している[6]。しかし、その論稿を読む限り、館長養成に資するような館長に求められる能力・知識・技術は明らかになっていない。その論稿は、館長の職務遂行上必要な能力16項目のうち、50％以上の館長が「とても必要」と答えている能力が10項目あり、そのうちの9項目は経営学分野で、残りの1項目（それも10番目）が図書館の専門的業務である、と論じている。そうすると、図書館長に必要な能力・知識・技術は経営学の分野であり、「図書館長には敢えて司書の資格は要らない」、と50％以上の館長が考えていることになる。その論稿の執筆者たちは「図書館経営」もしくは「図書館経営学」をどのように理解しているのだろうか。

　高山正也は、『図書館経営論』改訂版の中で「図書館経営こそが図書館学の中心的課題である（後略）」、と論じている[7]。高山の言述に全面的に賛成する訳ではないが、公共図書館学があるとすれば、「公共図書館経営」（学）がその中心テーマの一つになる、と筆者は理解する。そして、図書館経営論（学）は図書館（情報）学の一部である、とも理解する。

　1996年以来、「図書館経営論」は図書館学の一部として、司書課程の必須科目になっている。しかし、上記の論稿の執筆者たちがそのように理解している形跡は見つからない。その論稿によると、「図書館運営の計画・立案」が重要だと考えている館長は約69％いるのに、「利用者ニーズを的確に把握する能力」を「とても必要」と考えている館長は約45％だけである。「利用者ニーズを的確に把握」せずして、どのような「図書館運営の計画・立案」が作成できるのだろうか。そこに矛盾が生ずるが、執筆者たちの論稿にはそれに関する分析は見られない。

　2012年に文部科学省から「図書館の設置及び運営上の望ましい基準」が告示されている。その基準は、市町村立図書館の館長について次のように記述している[8]。

① 市町村教育委員会は、市町村立図書館の館長として、その職責にかんがみ、図書館サービスその他の図書館の運営及び行政に必要な知識・経験とともに

② 司書となる資格を有する者を任命することが望ましい。

上記のように、館長は、図書館の運営に必要な知識・経験を有する必要があり、その必要な知識は司書課程及びその後の館長養成プログラム（研修等）で獲得される必要がある。そして、その知識や能力の中核部は、大庭一郎等の論稿で50％以上の館長が「とても必要」と答えている10項目の能力である。それは図書館（情報）学領域の知識や能力である、と筆者は理解する。

日本図書館協会（以下、JLA）は、2018年の「公立図書館の所管の在り方等に関する意見」の中で、上記の「図書館の設置及び運営上の望ましい基準」に関連して次のように記している[9]。

> 行政職が図書館長になる、あるいは司書が行政職になるということは、公立図書館が市民の全人生サイクルの応援者になるために歓迎すべきことだが、特に「望ましい基準」においては「市町村教育委員会は、市町村立図書館の館長として、その職責にかんがみ、図書館サービスその他の図書館の運営及び行政に必要な知識・経験とともに、司書となる資格を有する者を任命することが望ましい」としており、資格取得のための財政処置が望まれる。

上記のJLAの意見に対しては大方賛成できるが、前半部の「行政職が図書館長になる、あるいは司書が行政職になるということは、公立図書館が市民の全人生サイクルの応援者になるために歓迎すべき」、という表現に対しては、そのような考え方や態度で果たして専門職としての館長職が確立できるのか、疑問である。

JLAを中心として日本の図書館界は、自治体の図書館条例にバリー市のような図書館長の資格を記すよう働きかけるべきである。JLAが自治体に働きかけるのは内政干渉になる恐れがあるという研究者もいるが、筆者は、市町村立図書館に関してJLAが都道府県の図書館協議会と連携して働きかける（少なくとも要望する）ことは専門職団体としてのJLAの責務であると

理解する。

2. 公共図書館経営の概念

　最近、司書課程用のテキストとして「図書館制度・経営論」が多種出版されている。その多くがNPM（new public management：新公共経営）の理論（技法）を応用して図書館経営論を論じている。それらのテキストでは経営理論における「ガバナンス」と「管理・運営」を区別しているが、「ガバナンス」と「管理・運営」の主体者が見えにくいものが大半である。「図書館制度」の項で図書館法だけでなく、図書館条例まで言及すれば、「ガバナンス」と「管理・運営」の主体者が明確になり、日本の公共図書館が抱えている問題点が見えてくると思われる。

　出相貴裕が「わが国における公立図書館経営のあり方について」の中で、直営や指定管理も含めて、公立図書館の経営に関する文献をレビューしているが[10]、ここでは、今流行りのNPM、もしくはこれの修正形である公共経営学を応用して、公共図書館の経営を考察する。公共経営学の公共経営戦略モデルの一つが図4.1である。この図を利用すると、「ガバナンス」と「管理・運営」の主体者が見えやすい。

　下記の図4.1で、①から④までが「ガバナンス」で、⑤から⑧まで、すなわちPDCAサイクルが「管理・運営」に当たる。これを公共図書館の場合に当てはめて、公共図書館経営の基本概念とすることができる。そうすると、館長の責務はPDCAサイクルの部分ということになる。①から④までの「ガバナンス」は教育委員会の責務になる。因みに、アメリカやカナダでは教育委員会と対等の位置で図書館委員会（library board）が設置されており、その委員会が「ガバナンス」の責務を果たしている。しかし、委員のメンバーは素人が多いので、館長が役職がら委員の一人（その場合は書記や経理係等）になったり、もしくは相談役として会議に列席したりしている。日本では公共図書館は学校教育を掌る教育委員会の傘下にあり、「ガバナンス」を担う部署が明確でない場合が多い。

　以下で、PDCAサイクルのPDCの部分と図書館長との関係を考察する。

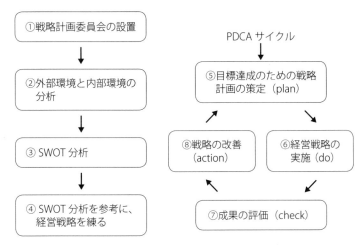

図 4.1　公共経営戦略マネジメント理論モデル
　　　　（典拠：松永佳甫編『公共経営学入門』大阪大学出版会, 2015, p. 91.）

その過程で、公共図書館長の責務を明らかにする。

3. 戦略［的］計画の策定と公共図書館長

　上記の PDCA サイクルの中の「⑤目標達成のための戦略［的］計画の策定（plan）」が公共図書館長の最も重要な責務の一つである。その「戦略［的］計画の策定」とは具体的にはどのようなものだろうか。岡山県立図書館が良い例になる。

　岡山県立図書館には、2004 年に作成された文書「岡山県立図書館サービス計画」がある。そのサービス計画では、岡山県立図書館を次のような 5 つの基本的性格で特徴づけている[11]。

(1) 県民に開かれた図書館
(2) 県域の中枢となる図書館
(3) 調査・研究センターとしての図書館
(4) デジタルネットワークに対応する図書館

(5) 資料保存センターとしての図書館

　また、同図書館は、2016年には「岡山県立図書館第3次中期サービス目標」を作成している[12]。その「サービス目標」は、以下のように、上記の「(1) 県民に開かれた図書館」を2つの領域：「資料・情報の提供」と「県民参加による図書館づくり」に分け、目標を具体化している。

1) 「資料・情報の提供」領域：①来館者サービスの向上を図り、②ユニバーサルデザインの視点に立ったサービスの推進を図り、③非来館型サービスの向上を図ること。
2) 「県民参加による図書館づくり」領域：①公聴広報活動を推進し、②図書館の魅力を伝えるイベントを開催し、③県民との協働を推進し、④郷土資料の寄贈受入及び郷土情報募集事業を推進すること。

「戦略[的]計画の策定」に際しては、現状分析と課題の認識が必要になるが、岡山県立図書館では、「資料・情報の提供」領域で次のような現状分析と課題認識を行っている。

① 図書館の基本的な機能である資料・情報の提供を特に重視して、来館者サービスの向上に努めた結果、開館以降の毎年、来館者数100万人、個人貸出冊数100万冊を概ね超える都道府県立図書館トップの座を維持しています。サービス向上の一環として、館内整理日にあてていた第3木曜日の開館を開始しました。その反面、貸出資料の延滞、資料の破損行為等、利用者による迷惑行為が目立ってきています。
② 障害者、高齢者、外国人等、通常の図書館利用の困難な人々にも、開かれた図書館となるよう努めました。障害者利用支援ボランティアと連携して、対面朗読サービスを提供しました。新規に、障害者サービスの対象を読書困難者に拡大し、録音図書及び録音図書再生機器の貸出しを開始しました。また、既設の大活字図書コーナーに隣接して、バリアフリーコーナーを新設しました。さらに、蔵書検索システムの

多言語化を行い、外国語資料の利用促進を図りました。今後とも、サービスを不断に見直しながら、利用環境を誰にでも使いやすくする必要があります。(後略)

「県民参加による図書館づくり」領域では、次のように現状分析と課題認識を行っている。

① 県民の声を聞くために、提案箱での意見の受付や、来館者アンケートを継続実施し、サービス改善につなげてきました。ただし、未利用者の意見聴取が課題として残ります。一方、岡山県立図書館を広く知っていただくため、マスコミを通した情報提供や、来館者に向けてバックヤードツアー、図書館見学会等を実施するとともに、インターネットを活用して、ホームページやメールマガジンによる情報提供や、新規に、SNSによる情報提供を開始しました。なお、ホームページでは、多様化、高度化する各種図書館サービスを、利用者にわかりやすく提示する必要があります。(後略)

同図書館は、上記のような現状分析と課題認識を行って、「資料・情報の提供」領域で、以下のような「戦略［的］計画の策定」(具体的な取り組み計画)を立てている。

① 来館者サービスの向上：
　豊富な蔵書を基盤に、企画展示、レファレンスサービス等を行い、来館者と資料を結ぶ積極的働きかけを行う。また、案内表示、サイン、検索端末の利用環境等の整備や、施設・設備の点検、修理に努める。なお、利用者の自発的なマナー向上を、キャンペーン等を通して働きかける。
　「指標」：蔵書回転率を最終年度に1.0以上とする。
② ユニバーサルデザインの視点に立ったサービスの推進：
　誰にでも使いやすい利用環境の改善を進めるとともに、障害者サービス等において県内公共図書館や関係機関との連携の一層の強化を進め、

効果的なサービス展開を図る。
　「指標」：障害者向け資料貸出冊数：毎年度6,000冊以上にする。
③ 非来館型サービスの向上：
　全県域へのサービス提供の拡大のため、県内公共図書館等の協力を得ながら、非来館型サービスの充実を図る。遠隔地利用の利便性の周知を行い、利用の拡大を図るとともに、利用者登録が全県域に拡大する好循環へと結びつける。
　「指標」：インターネット予約貸出冊数：毎年度の個人貸出冊数の12％以上を目指す。

他方、「県民参加による図書館づくり」領域では、以下のような「戦略［的］計画の策定」（具体的な取り組み計画）を立てている。

① 公聴広報活動の推進：
　公聴活動については、既存の取り組みのほか、インターネットによるアンケートや県内公共図書館でのアンケート等を通して、非来館者や未利用者を含めたニーズを幅広くつかむように努める。（中略）県内公共図書館、博物館、美術館等の行事に合わせた利用広報や、関係機関への案内送付を行い、利用拡大を図る。［なお］有料施設について、県民の生涯学習活動に活用してもらえるよう、広報による利用拡大を図る。
② 図書館の魅力を伝えるイベントの開催：
　図書館の魅力を伝え、資料・情報の提供につながるイベントを、様々な主体とも連携し実施する。
③ 県民との協働の推進：
　ボランティアの受入と、研修による資質向上を図る。また、読書グループや読書ボランティアの調査結果等を基に、地域における読書ボランティアの養成に際して、講師紹介や助言等による支援を行う。

また、「岡山県立図書館サービス計画」の中の「Ⅰ　管理運営計画　1　基本方針」に、次のような館長の責務が記されている[13]。

(1) 館長は、図書館の管理運営に必要な知識・経験を有し、図書館の役割及び任務を自覚して、図書館機能を十分発揮させられるよう不断に努める。
(2) 主題別部門制にともなう業務の高度化、専門性に十分対応できる人材の確保・養成に努める。
(3) 収集方針の実現が図れるよう十分な資料費の確保に努める。
(4) 市町村立図書館の活動を積極的に支援する。
(5) 岡山情報ハイウェイを通して多様な情報が受発信できるよう情報の編集・加工・蓄積、情報へのアクセス機能を充実させる。
(6) 市町村立図書館等とのネットワークを形成し発展させる。
(7) 県内図書館職員の資質の向上を図るため、定期的、継続的に研修を実施する。
(8) 国立国会図書館、都道府県立図書館、大学図書館等との相互協力関係を確立する。
(9) 岡山県図書館振興策の策定に参加する。

以上、2004年作成の「岡山県立図書館サービス計画」と、2016年作成の「岡山県立図書館第3次中期サービス目標」に表れている「戦略［的］計画の策定」の一部を見てきた。この2つの文書は、「戦略［的］計画の策定」の責務は館長にあると明言はしていないが、館長の責務を見れば、その策定の責務は館長になることが明瞭である。館長は有能な部下（ブレイン）を採用して、課長や係長等の中間管理職に配し、その部下たちの協力を得て「戦略［的］計画の策定」を行う、というプロセスをイメージすることができる。そして、館長の資格としては、現代の司書課程では身に付けられないくらいの深い図書館情報学、特に図書館経営学の知識や能力が必要であることが、図書館長の責務の記述から読み取ることができる（ただし、実際は、岡山県立図書館の館長職は行政職の上部の管理職の人が名誉職的に就くのが通例であり、岡山県立図書館条例でも、職員の項で「図書館に、館長その他必要な職員を置く」、と記されているだけで、館長職に対する資格要件に関しては皆無であり、理論と現実は異なっている。それは日本の地方行政の人事組織の難しさを象徴している。なお、「指標」

に貸出冊数のみを挙げているが、それは問題である。最近は「アウトカム指標」が強調されている。詳細は、本章次節「5. 成果の評価（check）と公共図書館長」を参照）。

上記の館長の責務は県立図書館の館長の責務であるが、(1)から(3)までは市町村立図書館長にも当てはまるものであり、その他のところでも部分的に市町村立図書館長にも当てはまるものである。そして、それはあらゆる公共図書館の館長に司書（図書館情報学）の資格が必要であることを示唆している。

因みに、上記のバリー市の図書館条例では、館長の責務を以下のように記している（部分抜粋）[14]。

(1) バリー公共図書館の戦略的計画の中の目標及び目的が達成されるようにすること。コミュニティのニーズが満たされるようにすること。コミュニティ・ニーズを測定すること。プログラムやサービスを評価すること。図書館企画や方針を図書館委員会に推薦すること。（図書館委員会の）計画作成に参加すること。方針、サービス及び資源に関して図書館委員会によって決定されたことを実行すること。

(2) 図書館運用（library operations）を計画し、組織し、指示し、管理し、評価すること。他の機関との契約書や同意書を作成し、図書館委員会の承認を得ること。効率的な図書館運用を視野に入れて資源を配分すること。

(3) 常に高度のパブリック・リレーションを維持・促進すること。図書館委員会の委員長と共に図書館のスポークスマンになること。マスメディアや議会との折衝においても委員長と共に行動すること。

(4) チームアプローチを最大限に効果あらしめるような人事配置を行うこと。人事規則を作成し、採用、研修、勤務評価、等に責任を持つこと。労働規約を守り、その規約に関して図書館委員会の代弁者になること。

(5) 施設や設備の維持に関して責任者になること。コレクションの構築・維持に関して責任者になること。

(6) 市の制定している「情報の自由とプライバシー保護法」及び「労働安全衛生法」を守ること。

(7) 他の図書館システム、専門職協会及びコミュニティの組織との関係を築くこと。専門職の委員会の委員になること。

なお、オーストラリアのニューサウスウェルズ州（State of New South Wales）には、同州の図書館委員会（Library Council of New South Wales）が2015年に作成している公共図書館基準／ガイドライン「活気ある学習図書館」（*Living Learning Libraries*）がある。その基準／ガイドラインには図書館長の資格と責務について次のように記している[15]。

図書館マネジメント（経営）の目的は、「コミュニティに公平で、効果的かつ効率的に、アクセス可能なサービスを提供すること」である。図書館マネジメント（経営）の原則として、以下のようなものがある（抜粋）。

(1) 図書館長は資格のある、然るべきライブラリアンであること。
(2) 図書館の職員、サービス、資源は、効果的かつ効率的に管理されていること。
(3) 地方議会は図書館界の新しい発展と図書館サービスへの潜在的影響についての報告を受けていること。
(4) 図書館サービスがコミュニティにとって関心の的になるよう、図書館は関係機関と連絡調整を行うこと。
(5) 図書館計画を可能にするために、資源、職員、サービス、活動についての統計が取られていること。
(6) 統計が他の似たような図書館と比較するために使われること。
(7) 長期及び短期の目標、優先順位、戦略、プログラム、方針を含んだ長期計画があること。
(8) コミュニティの変化するニーズに合わせて、新しいサービスやプログラムが計画・実施されること。
(9) コミュニティの変化するニーズに合わせて、図書館の施設や設備について計画・実施されること。
(10) 図書館サービスが地方議会の広い戦略的計画の中に含まれるよう、

図書館長は地方議会の全体的な計画や方針等の作成の際に参加すること。
(11) 図書館長は、公共図書館が地域に貢献する価値をコミュニケートすることによって、図書館サービスの唱道者（advocate）になること。
(12) 図書館長は図書館専門職関連の活動に参加したり、貢献したりすること。

　以上、ニューサウスウェルズ州の公共図書館基準／ガイドライン「活気ある学習図書館」の中の図書館経営の部分を見てきた。図書館経営とはどのようなものか、そして、その経営において如何に館長が重要であるか、がよく示されている。「図書館長」という言葉が出てくるのは、(1)と(10)－(12)だけであるが、最初に「図書館長は資格のある、然るべきライブラリアンであること」が記述されているということは、(2)以下のすべての項目が館長の責任であると理解することができる。また、館長に要求される資格に関して、如何に図書館情報学の知識や能力が必要であるかもよく示されていると思われる。さらには、経営の中核は、「(7) 長期及び短期の目標、優先順位、戦略、プログラム、方針を含んだ長期計画があること、(8) コミュニティの変化するニーズに合わせて、新しいサービスやプログラムが計画・実施されること、であるように思われ、それらの領域の管理・運営は資格のある有能な館長でないと務まらないと思われる。
　また、オーストラリア図書館協会は、1984年という30年以上も前に作成している「公立図書館の政策策定および計画立案のための指針」の中で、図書館長の責務について次のように記している[16]。

(1) 公立図書館の館長は、管理能力を持つ有資格の司書（ライブラリアン）であるとともに、自館の職員およびサービスの管理について責任を負わなければならない。
(2) 館長は、図書館の目的達成に必要な、資料の選択やサービスの計画と実施について責任を負わなければならない。
(3) 館長は、自治体の合同計画チームの一員として、自治体の総合計画

と政策策定に貢献するものとする。

4. 実施 (do) と公共図書館長

　上記の図 4.1 で⑤から⑧まで、すなわち PDCA サイクルが「管理・運営」に当たり、それは図書館長の重要な責務だと論じた。それ故、「⑥経営戦略の実施 (do)」と図書館長との関係にも言及する必要があろう（なお、上記の枡永の図 4.1 では、「⑥経営戦略の実施 (do)」となっているが、「⑥戦略計画の実施 (do)」という表現がより妥当のような気がする）。

　「⑥経営戦略の実施 (do)」の主要部分は、公共図書館では資源管理課（または係）やサービス課（または係）などの各課または係の長の下で遂行されるであろう。しかし、最終的な責任は図書館長にあり、館長は各課または係の長の下でどのようなことが行われているか、を把握する（理解する）必要がある。

　図書館長自ら行う個人的行動としては、上記の「活気ある学習図書館」の中に記されている、「⑽ (前略) 地方議会の全体的な計画や方針等の作成の際に参加する、⑾ (前略) 地域に貢献する価値をコミュニケートすることによって、図書館サービスの唱道者 (advocate) になる、⑿ (前略) 図書館専門職関連の活動に参加したり、貢献したりする」、などがあると思われる。図書館長の最も重要な責務は「予算の獲得と有能な職員の採用（獲得）である」、とよく言われるが、「⑽ (前略) 地方議会の全体的な計画や方針等の作成の際に参加する」、に内包されていると思われる。日本の場合に当てはめると、図書館長は教育委員会だけでなく、首脳部局まで顔を出して予算折衝に当たる、ということである。もちろん、図書館長自ら行う個人的行動としての最も重要な責務の一つは、人事組織であり、勤務評定である。

5. 成果の評価 (check) と公共図書館長

　この節では、PDCA サイクルの中の「⑦成果の評価 (check)」と公共図書館長の関係について考察する。

2008年に改正された図書館法によって、図書館の運営状況に関する評価を行うこと、評価の結果に基づいて図書館の運営の改善を図ること、及び運営状況に関する情報を提供することが努力義務として規定された。2000年代以降図書館評価を実施する公共図書館は徐々に増加していたが、この規定により2008年以降ますます増加している。図書館評価に関しては、2004年にJLA図書館政策特別委員会が『図書館評価のためのチェックリスト』改訂版を刊行している[17]。その『チェックリスト』は基本的なサービス体制ができているかどうかのチェックリストであり、図書館経営の視点からはあまり役立つものではない。「図書館経営」という視点からは、「アウトプット評価」と「アウトカム評価」があり、最近は「アウトカム評価」が強調されるようになっている。

　2008年に桑原芳哉が論稿「公共図書館評価におけるアウトカム指標」を公表している。その論稿は、地方自治体の行政評価の一環として行われている公共図書館評価の中で「アウトカム指標」が使われているが、それと「アウトプット指標」との相違が明瞭でないものが多い、と指摘している。そして、アウトカム評価では利用者の満足度調査が中心となるべきであるが、その調査は難しいと論じている[18]。

　図書館の評価には、個別の目的（目標）や業務（サービス）の評価から、全体的な評価まで様々な種類やレベルの評価がある。図書館全体の評価としても、社会や利用者へのインパクトを測定・調査するといった、最近話題になっている本格的な調査法（例：ISO16439: 2014: Information and Documentation -- Methods and Procedures for Assessing the Impact of Libraries[19]）などもある。しかし、ここでは図書館長と深く関わる通常業務の一環としての評価に関して考察する。

　最近のアメリカの公共図書館界では、予算獲得のための評価法としてのアウトカム評価法を開発している。2013年にスタートしている公共図書館協会（Public Library Association、以下PLA）の「プロジェクト・アウトカム」（Project Outcome）がその評価法である。PLAは、①サービス対象のコミュニティがどのようなニーズを持っているかを調査する「ニーズ測定」、②図書館はどれだけのこと（量）を行ったかを調査する「アウトプット測定」、

③［利用者の満足度を知り］、より良くサービスするために必要なことを知ることを目的とする「利用者満足度調査」、④どの程度図書館は便益なことをしたかを知ることを目的とする「アウトカム測定」がある、としている[20]。

因みに、「アウトプット評価」とは「アウトプット測定」という測定法を利用した評価（法）のことであり、「アウトカム評価」とは「アウトカム測定」という測定法を利用した評価（法）のことである。アメリカの公共図書館で「アウトプット評価」より「アウトカム評価」がより重視されるようになっている要因の一つは、「アウトプット評価」には大きな問題点があるためである。例えば、貸出冊数の増加が「アウトプット評価」にプラスになるとすれば、ベストセラーを多く購入すれば貸出冊数は増えるであろう。そこで問われるのが公共図書館の目的は何か、ということになる。そうして目的の達成度を測定するのに、「アウトプット評価」は有効か、という疑問が出るようになった。

「アウトカム評価」が重要視されるようになった他の要因として、従来、「読書の効用」、「ユニバーサル・アクセス」、「思想や表現の自由」など公共図書館の高尚な機能を挙げたり、貸出冊数等の「アウトプット」を挙げたりして、公共図書館は財源を握っている首脳部に対して財源確保を訴えてきたが、その効果があまり上がっていないことがある。すなわち、財源を握っている首脳部が納得するような評価法が必要になってきたということである。「アウトプット評価」と「アウトカム評価」の決定的な相違は、「アウトプット評価」は図書館（内）で起こっている現象を対象にしているが、「アウトカム評価」は図書館外（利用者）で起こっている現象を対象にしていることである。公共図書館が利用者のために存在するならば、評価法として「アウトカム評価」がより重要である。もしくは「必須」と言えるかも知れない。

「プロジェクト・アウトカム」によると、「アウトカム評価」は評価法としては量的、質的な調査法を含み、利用者が認識している変化として表現され、その評価法によって利用者が図書館サービスやプログラムから得られた特定の便益を示すことができるとしている。そして、「プロジェクト・アウトカム」の開発した調査法によって、図書館は以下の7つの枢要な領域で、利用者の知識、自信、応用力、知覚を測定することができるという[21]（以下では、

理解しやすくするために、かっこの中に「図書館サービス領域」の名称の後に、具体的な図書館サービスやプログラムを記した)。

(1) 市民として、コミュニティ・メンバーとしての活動 ⇔〔図書館サービス領域（以下、TS）：文化活動、政府向けサービス、市民活動〕
(2) デジタル学習 ⇔〔TS：IT技術指導、インターネット、コンピュータ・プログラミング学習〕
(3) 経済的発展 ⇔〔TS：起業サービス、ファイナンシャル・プランナー／リテラシー・プログラム、社会サービスへのアクセス〕
(4) 教育、生涯学習 ⇔〔TS：ブッククラブ、著者講演、教育プログラム、リテラシー教育、自動車文庫〕
(5) 就学前リテラシー ⇔〔TS：読書、ストーリータイム、親子読書〕
(6) 職業技術 ⇔〔TS：キャリア形成、履歴書作成の支援、仕事探し〕
(7) 夏休みの読書 ⇔〔TS：夏休み読書プログラム、夏休み読書クラブ、成人の夏季読書プログラム〕

「プロジェクト・アウトカム」による調査法は簡単で、例えば、「就学前リテラシー」の調査法では、以下の質問項目で調査している。Q1からQ4までは、①非常に賛成、②賛成、③何とも言えない（該当しない）、④不賛成、⑤全く不賛成、から該当項目を選び、Q5とQ6は自由回答方式となっている[22]（因みに、すべての領域で大体同様の形式が用いられている）。

Q1 あなたは、あなたの子どもと分かち合える新しいものを学習した。
Q2 あなたは、あなたの子どもの学習を手伝う際により自信を持つようになった。
Q3 あなたは、今後あなたの子どもともっと多くの時間を過ごすことになりそうである（例：読書、歌う、話し合い、書く、遊ぶ）。
Q4 あなたは、図書館が提供するサービスや資源について今までよりもよく知るようになった。
Q5 あなたはこのプログラムの中で、何が最も好きだったか。

Q6　あなたの子どもが読書の喜びを深めていくために、図書館は何ができると思うか。

「プロジェクト・アウトカム」は、アウトカム調査（法）の効用として、次の4点を挙げている[23]。

(1) 図書館及び図書館職員が提供するサービスは、すべて利用者の生活を豊かにするためであり、アウトカム調査は図書館サービスが利用者の生活、理解度、知識やスキルに変化をもたらすということを量的に示すことができる。
(2) 図書館の戦略的計画の中の特定目標の作成の際であろうが、長期計画の作成の際であろうが、現在のサービスが如何に利用者の便益になっているかの情報を提供できる。
(3) アウトカム調査によって、図書館プログラムやサービスに使われた金や時間が、限りある資源の最善の使い方であったことを示すことができる。
(4) アウトカム調査によって（図書館長の）予算折衝を正当化できる。それがアウトカム調査の最も重要なメリットである。（裏付けの乏しい）図書館の価値についてよく語られるが、図書館には裏付けが必要である。図書館報告や計画書作成の際に、アウトプット・データと共にアウトカム調査の結果を利用することによって、図書館予算の折衝の際に図書館長を有利な立場に置くことができる。また、アドボカシーにも利用できる。

　以上、アメリカの公共図書館協会が開発している公共図書館の評価法を紹介したが、「評価」は戦略的計画と同様、図書館長の大きな責務である。その評価の際に、図書館長が如何に図書館情報学の知識やスキルが必要であるかを示すために、特にアメリカの公共図書館では日本とは異なるいろいろなサービスを提供していることも例示するために、「プロジェクト・アウトカム」についていくぶん詳しく紹介した。オーストラリア公共図書館連盟

(Australian Public Library Alliance) も、アメリカの「プロジェクト・アウトカム」を参考にし、さらにそれを洗練させた形の「アウトカム測定法」を開発している[24]。

「評価」に関しては、図4.1のPDCAサイクルの中の「⑦成果の評価 (check)」のところで論じているが、実は「評価」は図4.1の「⑤目標達成のための戦略計画の策定 (plan)」の一部でもある。その戦略計画の中には、目標やその達成法だけでなく、評価法まで計画される必要がある。実際の評価は部下たちが行うにしても、どのような評価法を採用し、どのように実施するかは図書館長のリーダーシップの下に、有能な部下たちによる共同作業によって決められるであろう。その際に、図書館長は図書館情報学の知識なしでリーダーシップを発揮できないであろう。また、これまで「アウトプット評価」と「アウトカム評価」、特に「アウトカム評価」を強調して論じてきているが、図書館評価の際に忘れてはならないのが、利用する権利を有しながら、図書館を利用しない人たちの調査（評価）である。その人たちが何故利用しないのかを理解し、その対策を講じることが今後の公共図書館に課せられた最も大きな課題の一つであると推察される。そして、その調査や評価に際して、図書館長の役割は極めて大きいと言わねばなるまい。

6. まとめ

以上、公共図書館長の責務と資格について考察した。責務を最初に考察し、その責務を果たすためにはどのような資格が要求されるかを考察するのが本来の筋であるが、ここでは最初に公共図書館長の資格について考察した。資格を有する専任館長が日本の公共図書館ではあまりにも少な過ぎるということと、資格を有しない館長（素人館長）を是認するような『図書館長論の試み』が刊行され、図書館界でも受け入れられている雰囲気があるからであった。因みに、その著者は某大学で公共図書館論を教えたりしている。

公共図書館長の資格の重要性については、欧米の公共図書館学や公共図書館経営論では至極当然のように論じられている。そのため、最初に、オンタリオ州公共図書館長協会作成の『公共図書館システム・ガイドライン』とオ

ンタリオ州内にあるバリー市の図書館条例を紹介した。そして、2015 年度に文部科学省が TRC に委託調査させた「公立図書館の実態に関する調査研究」という報告の信憑性について疑問を呈した。また、2017 年の大庭一郎と毛利るみこの共同執筆「日本の公立図書館長に求められる能力に関する調査」に関しても、その分析法の信憑性について疑問を呈した。

　図書館長の責務に関しては、まず公共図書館の経営概念を、松永佳甫編『公共経営学入門』に記されている「公共経営戦略マネジメント理論モデル」を援用して提示した。そして、そのモデルの中の「目標達成のための戦略計画の策定（plan）」、「経営戦略の実施（do）」、及び「成果の評価（check）」と図書館長との関係を考察した。「目標達成のための戦略計画の策定（plan）」の部分は公共図書館経営において最も重要な領域であり、2004 年作成の「岡山県立図書館サービス計画」と 2016 年作成の「岡山県立図書館第 3 次中期サービス目標」を例に、具体的な事例を紹介した。しかし、実際には、岡山県立図書館の館長職は行政職の上部の管理職の人が名誉職的に就くのが通例であり、日本における有資格の図書館長職の難しさを表していた。日本で最も重要なことは、日野市立図書館設置条例が「図書館の館長は、図書館機能を達成するため、図書館法に定める専門的職員のほか館長として必要な学識経験を有する者とする」、と規定しているように、図書館条例の中に図書館長職をしっかりと位置づけることであるように思われる[25]。日本のそのような状況を補強するために、バリー市の図書館条例、及びニューサウスウェルズ州の公共図書館基準／ガイドライン「活気ある学習図書館」を根拠に、戦略的計画や館長の責務の重要性について考察した。

　最後に「成果の評価（check）」と図書館長の関係を考察した。アメリカにおける公共図書館における評価法は「アウトプット評価」から「アウトカム評価」へ移ってきており、アメリカ公共図書館協会が開発しているアウトカム評価法を考察した。もちろん、その評価法においても図書館長は重要な責務を負っており、「評価」そのものが本来、「戦略的計画」の一部であることを指摘した。

注及び引用文献

1) 内野安彦『図書館長論の試み:実践からの序説』樹村房, 2014, 222p.
2) 日本図書館協会図書館年鑑編集委員会編『図書館年鑑 2018』日本図書館協会, 2018, p. 300.
3) Administrators of Rural and Urban Public, Libraries of Ontario, *Guidelines for Rural/Urban Public Library Systems*, 2nd ed. http://aruplo.weebly.com/uploads/2/8/3/7/2837807/aruplo_guidelines_2nd_edition_january_2012.pdf [2019. 2. 2]
4) Barrie Public Library Constitution and Procedural By Laws. 2018. https://www.barrielibrary.ca/about-bpl/about-the-library/policies/constitution-and-procedural-bylaws.pdf [2019. 2. 2]
5) 図書館流通センター「平成 27 年度『生涯学習施策に関する調査研究』『公立図書館の実態に関する調査研究』報告書」(文部科学省委託研究) 2016. http://www.mext.go.jp/a_menu/ikusei/chousa/__icsFiles/afieldfile/2016/09/26/1377547_04.pdf [2019. 2. 11]
6) 毛利るみこ, 大庭一郎「日本の公立図書館長に求められる能力に関する調査」『図書館界』68 巻 6 号, 2017, pp. 400-18.
7) 高山正也編;加藤修子ほか『図書館経営論』改訂版, 樹村房, 2002, p. iii.
8) 文部科学省「図書館の設置及び運営上の望ましい基準」2012. http://www.mext.go.jp/a_menu/01_l/08052911/1282451.htm [2019. 1. 20]
9) 日本図書館協会「公立図書館の所管の在り方等に関する意見」2018. http://www.jla.or.jp/demand/tabid/78/Default.aspx?itemid=3973 [2019. 2. 5]
10) 出相貴裕「わが国における公立図書館経営のあり方について:地域への持続的貢献に向けて」『広島大学マネジメント研究』18 号, 2017, pp. 65-79. http://ir.lib.hiroshima-u.ac.jp/files/public/4/42901/20170502101955763151/HUMR_18_65.pdf [2019. 2. 23]
11) 岡山県立図書館「岡山県立図書館サービス計画」2004. http://www.libnet.pref.okayama.jp/tosyokan/mokuhyou/service_keikaku.pdf [2019. 2. 20]
12) 岡山県立図書館「岡山県立図書館第 3 次中期サービス目標:県民図書館さんさんサービスプランの概要」2016. http://www.libnet.pref.okayama.jp/tosyokan/mokuhyou/service3/sansanplan3.pdf [2019. 2. 10]
13) 上掲注 12)
14) 上掲注 4)
15) Library Council of New South Wales, *Living Learning Libraries: Standards and Guidelines for NSW Public Libraries*, 6th ed. Library Council of New South Wales, 2015. https://www.sl.nsw.gov.au/sites/default/files/living_learning_libraries_2015.pdf [2019. 2. 19]
16) オーストラリア図書館協会「公立図書館の政策策定および計画立案のための指針」『現代の図書館』Vol. 23, No. 4 (1985), pp. 256-65.
17) 日本図書館協会図書館政策特別委員会編『図書館評価のためのチェックリスト』

改訂版, 日本図書館協会, 2004.
18) 桑原芳哉「公共図書館評価におけるアウトカム指標：行政評価の事例調査に基づく提案」*Library and information science*, No. 60, 2008, pp. 61-86.
19) ISO16439:2014（Information and Documentation -- Methods and Procedures for Assessing the Impact of Libraries）に関しては、次の文献を参照：永田治樹「図書館のインパクト：図書館の意義をデータで実証する」『情報の科学と技術』66 巻 2 号, 2016, pp. 54-59.
20) Public Library Association, Project Outcome, *Outcome Measurement Made Easy: Capturing Impact Using Project Outcome*. 2016. https://arsl.info/wp-content/uploads/2016/11/Outcome-Measurement-Made-Easy.pdf［2019. 3. 3］
21) Davis, D. & E. Plagman, *Project Outcome: Helping Libraries to Capture Their Community Impact*. 2015. http://publiclibrariesonline.org/2015/09/project-outcome-helping-libraries-capture-their-community-impact/［2019. 3. 8］。なお、アメリカの公共図書館では貸出やレファレンス・サービスと同等なくらい「プログラム」が重視される。その「プログラム」とは、読書クラブ、学校の宿題の手助け、コンピュータ・リテラシーや情報リテラシーの教育、講演会、映写会等のことである。
22) 上掲注 21)
23) 上掲注 21)
24) Australian Public Library Alliance and Australian Library and Information Association, *Guidelines, Standards and Outcome Measures for Australian Public Libraries, July 2016*. https://www.alia.org.au/sites/default/files/Guidelines％20Standards％20and％20Outcome％20Measures％20for％20Australian％20Public％20Libraries.pdf［2019. 3. 12］
25)「日野市立図書館設置条例」1965. https://www1.g-reiki.net/hino/reiki_honbun/f900RG00000195.html［2019. 3. 23］

第5章

司書職（司書職制度）の再構築

日本図書館協会（以下、JLA）の調査によると、2016年度までに市町村では530館、都道府県では5府県6館に指定管理者制度が導入されている。導入率は3273館のうち16.4%に当たり、2016年には24自治体に導入された[1]。
　そのような状況に対して、高山正也は『歴史に見る日本の図書館』の中で次のように記している[2]。

　　指定管理者や派遣業者への図書館業務の委託について、観念的に評価し、低い評価をするケースも少なくない。しかし、受託業者によっては派遣職員に高度な研修を実施して司書能力開発を積極的に行い、自治体直営の図書館職員より能力面で高いケースもあり、また、司書に保育や介護等の研修も行い、その能力を持たせて、少子高齢化時代に即応した児童サービスや、高齢者サービスの向上を図ろうとする等、直営による公務員司書の時代よりはるかに進歩したサービスを志向・実践しているケースも多く見られるようにいたった。この傾向は今後強まることはあっても弱まることはないであろう。このような図書館専門職の外部化の傾向は今後ますます顕著になると思われる。

　高山は上記のように論じているが、JLAは「公立図書館の指定管理者制度について 2016」を公表して、指定管理者制度に対して次のような反対の態度を示している[3]。

　　この制度の公立図書館への導入の判断は、各自治体の自主性に委ねるものですが、当協会は、我が国の今後の公立図書館の健全な発達を図る観点から、公立図書館の目的、役割・機能の基本を踏まえ、公立図書館への指定管理者制度の導入については、これまでの見解と同様に、基本的になじまないと考えます。（後略）
　(2) 管理運営の基本：図書館法（以下「図法」という）に基づいて設置する公立図書館は、教育委員会が管理する機関であり、図法に示されている図書館運営やサービスを行うことは、自治体の責務です。したが

って、設置者が図書館の運営方針や事業計画を定め、図書館の運営について評価をします。また、図法に基づき告示されている「図書館の設置及び運営上の望ましい基準」(平成24年12月19日文部科学省告示第172号)において公立図書館は、事業の継続性、安定性の基にサービスを計画し、適切な図書館評価を行い、改善を図りながら運営することが求められています。(後略)

(3) (ア) 企画立案への職員参加：図書館に関する政策立案や教育振興計画、子ども読書活動推進計画、図書館サービス計画などの立案に当たっては、現場の図書館員の参加が必要であり、また、図書館の評価を行うに当たっては、図書館サービスの専門的知識・経験や、図書館経営の力量を持つ者が行うことが必要です。指定管理者制度では、指定を受けた団体の職員が、これら企画立案へ参加できず、計画の趣旨が十分に伝わらない可能性があります。(後略)

(4) (ア) 図書館サービス・事業：公立図書館は、利用者への資料提供を基本とし、求める資料についてはリクエストや相互貸借などの制度を活用し、きちんと応えることが大切です。また、住民からの様々な読書相談や資料要求に迅速かつ的確に対応することがレファレンスサービスでは求められます。そのためには所蔵資料の把握はもちろん、その地域の事情に精通し、資料に関する専門的知識と経験の蓄積を持った司書が的確に対応し、要求に応えていく必要があります。指定管理者のような短期間の契約ではこのようなサービスを実現させることは大変難しいと考えます。必要となる資料の選書や保存、除籍等についても同様に、自治体職員の司書が長期的な視野に立ち、一貫した運営方針の基での取組みが肝要です。(後略)

公立図書館の望ましい姿を堅持するためには、司書の専門職制度の確立に向けて努力することが目指すべき方向性と考えます。

以上、指定管理者制度に対するJLAの反対理由を要約したが、極めて説得力のある言説になっており、筆者も公共図書館への指定管理者制度の導入には基本的に反対である。高山は、「受託業者によっては派遣職員に高度な

研修を実施して（中略）、直営による公務員司書の時代よりはるかに進歩したサービスを志向・実践しているケースも多く見られるようにいたった」、と記しているが、現状での比較ではそうであっても、JLA が「自治体職員の司書が長期的な視野に立ち、一貫した運営方針の基での取組みが肝要です」、と述べているように、長期的なビジョンを立て、そのビジョンの基にサービス計画を立て、計画を実施し、その後計画がどのくらい実行されたかの評価を行うことが公共図書館の業務（責務）だとするならば、そのような業務が指定管理者制度によって遂行され得るとは思われない。そのような業務の遂行は、知識基盤型の専門職としての司書職制度の確立によってはじめて可能であると推察する。そのことから、JLA の上記の「公立図書館の望ましい姿を堅持するためには、司書の専門職制度の確立に向けて努力することが目指すべき方向性と考えます」、の一文は極めて重要な文言である。

　他方、JLA は、2018 年の「公立図書館の所管の在り方等に関する意見」の中で、専門性の確保の視点から「図書館職員は正規職員かつ司書有資格者とすること」、と記している[4]。

　JLA の上記の２つの文書における図書館職員に関してまとめると、公共図書館には「所蔵資料の把握はもちろん、その地域の事情に精通し、資料に関する専門的知識と経験の蓄積を持った司書」が必要であり、そして図書館の職員はすべて司書であるべきである、ということになる。そのような理解の仕方や理論は、国際図書館連盟やアメリカ合衆国の図書館専門職の考え方と大きく相違しており、そのような理解の仕方では専門性の確保は難しく、地方自治体が財政難にある現在ではそのような理解の仕方（理論）は特定の地域には通用しても、一般的理論としては破綻しているか、もしくは行き詰まっていると思われる。また、現在進行している指定管理者制度への導入の反対理論にもなり得ないと推察する。

　根本彰は「単一職域の図書館専門職を目指して」の中で、「職域」という概念を用いて、わが国で図書館職が一つの職域を形成するものにならなかった理由について考察している[5]。その理由は説得力を有しているが、根本はまた、項目「図書館職の専門職論は成り立つか」のところで、次のように論

じている。

　　専門職の議論で重要なのはその前提としての「職域」の存在である。専門的知識・経験を適用できる領域のことであり、図書館職では言うまでもなく図書館ということになるが、それでは社会学的には浅薄な理解である。通常、ある職が個々人の所属する組織を超えての使命と職務内容を共有することで、はじめて専門職の議論をすることが可能になる。だが、図書館はきわめて多様な制度的な位置づけにある。公共、大学、学校の3館種は、法的な位置づけや所官庁の担当部局が異なる。館種によって分断され、別々の法的議論をせざるをえないから、一つの職域として仕事をしているとは言えない。これでは訓練や知識技術についての議論はできないのである。

　上記のように、根本は「職域」という用語を使って図書館員の専門職論を論じているが、「職域」の用語だけでは図書館専門職論を論じることはできない。図書館に関する「職域」は「図書館職」である。日本の司書が専門職化に遅れている原因の一つは、その「職域」という概念にある。日本で図書館の専門職論を論じる多くの論者が、「職域」である図書館職を専門職だと考えている。
　しかし、アメリカやオーストラリアの図書館において専門職化に成功している大きな要因の一つは、業務分析を行って図書館職という「職域」から専門的業務の部分を抽出するのに成功したことである。アメリカでは、図書館専門職（library profession）は図書館職（library occupation）の一部である、という理解の仕方をしている[6]。根本のような理論では、図書館員の専門職化は難しいと理解する。現在、閲覧業務のうち普及してきている自動貸出は、どう判断しても「専門的知識・経験を適用できる領域」（専門職の業務）とは見なせない。
　もし「職域」という用語を使うならば、それは図書館業務の中の専門的部分を指す用語として使うべきである。そして、館種ごとでもその用語は適用可能であると理解する。すなわち、公共図書館の司書職だけの専門職化も可

117

能であると理解する。公共図書館における司書職の確立（専門職化）を妨げている要因の一つは、JLAの政策も含めて、日本の公共図書館界では図書館業務はすべて専門職的であるという考え方が優勢であることである。そのような姿勢（考え方）は、図書館界の一部、もしくは大方を説得できても、自治体の首脳部も含めた図書館界以外の人たちを説得させることは至難の業であると推察する。

　他の妨げている要因、それは最も大きな要因であるように筆者には思われるが、自治体の人事組織のあり方であろう。「司書職」の確立ということは、行政職の中に「専門職」を置くということを意味し、日本の自治体の人事組織では通常あり得ないことである。しかし、公共図書館界は「司書職」に対して図書館法という法的根拠を有している。JLAを中心とした公共図書館界の努力次第では、通常あり得ないことをあり得るようにすることは可能であると思われる。

　因みに、2018年現在、堺市立図書館では司書の採用試験はあっても、辞令は事務職員のようであり、日野市立図書館では司書の採用試験があり、辞令は事務職（司書）のようである。理想的には、「司書」の辞令が欲しいところであるが、日野市立図書館の「事務職（司書）」は一応司書の専門性を認めていると理解され、最初の段階として日本の公共図書館は日野市立図書館のような職員構成を目指すべきであると思われる。

　以下に、筆者の考える養成も含めた公共図書館の司書職制度と、その実現のために、今後専門職団体たるべきJLAを中心として公共図書館界が取り組むべき課題を記す。

　公共図書館における司書職制度を確立するためには、自治体の図書館条例（その施行規則も含めて）の中に司書の必置義務を記すことが重要である。最重要なことは、「館長は司書有資格者であること」が記されることである。筆者は、一般の図書館職員よりも館長が司書の資格を有することがより重要であると理解する。図書館活動とは、活動（サービス）の長期的なビジョンを立て、そのビジョンの基にサービス計画を立て、計画を実施し、実施後、計画がどのくらい実行されたかを評価することであると理解する。そのよう

に理解した場合、ほとんどすべての図書館活動においてリーダーシップを発揮するのは図書館長である。司書職（図書館職）の専門職化を成し遂げている国では、図書館長に最初にライブラリアンの資格を要求している。

「館長が司書有資格者であること」の重要性に関しては、「第4章 公共図書館長 その責務と資格」で記した。その「第4章」でオンタリオ州バリー市の図書館条例に記されている図書館長の責務と資格を紹介し、わが国の公共図書館界は、JLAを中心として自治体の図書館条例にバリー市のような図書館長の責務と資格を記すよう働きかけるべきであると論じた。

また、司書職の専門職化の視点からは、図書館条例（施行規則を含む）の中に司書の必置義務を記すことが最低条件である。しかし、それだけでは十分でないことが横浜市立図書館条例及びその施行規則の例から分かる。横浜市立図書館規則（2017年施行）は、次のように記している[7]。

> 第37条　図書館に館長並びに教育長が必要と認める専門的職員及び事務職員を置く。
> 2　課に課長、係に係長を置く。
> 3　図書館に担当部長、担当課長、課長補佐及び担当係長を置くことができる。
> 4　担当部長、課長、担当課長、課長補佐、係長及び担当係長は、事務職員をもって充てる。

上記の図書館規則により、横浜市立図書館には「司書職」が設置されている。その上、その「司書職」は「職員Ⅰ」、「職員Ⅱ」、「職員Ⅲ」とレベル化されている[8]。しかし、その規則によると管理職は事務職員であり、管理職になろうと思ったら別道の昇任試験に合格しなければならない。なお、司書職の専門職化が確立している国では図書館長をはじめ、部長、課長、係長まで基本的に司書有資格者で占められている。そして、それらの国でも図書館は女性の職場であり、それら役職者は女性が多い。

横浜市人材育成ビジョン教育委員会作成の「司書職人材育成計画」は、次のように記している[9][10]。

1. 入庁から 10 年までの「職員Ⅰ・職員Ⅱ前期」において身に付けるべき実務能力・業務知識：
   (1) 利用者支援
      a) 規程に基づく対応 ⇒ 横浜市職員として、市立図書館のサービスや関連規程を理解し、根拠を踏まえて対応する。
      b) レファレンス ⇒ 市民の持つ課題意識や情報を把握し、課題解決の支援を行う。
      c) 館内環境の整備 ⇒ 市民が求める資料にアクセスしやすいように館内のレイアウトやサイン等の環境を整える。
   (2) 資料管理
      a) 一般書 ⇒ 自館の蔵書と市民のニーズを把握し、時事性と出版状況を踏まえながら、現在と将来を見据えて蔵書を構築する。
      b) 児童書 ⇒「一般書」の考え方に加え、対象の年齢・理解力を考慮した蔵書構築に努める。また、学校支援・ボランティア支援も踏まえて選定する。
   (3) 地域資料（郷土資料）
      地域資料は、その地域の歴史を確認する資料であるとともに、市民がその地域のことを知り、自治に参加するのに必要な資料であることを踏まえて蔵書を構築する。
   (4) 企画事業
      a) 企画立案・実施 ⇒ 市民の読解力と課題解決能力の向上の一助となるよう、事業の対象となる層に合わせた企画を立案し実施する。
      b) 広報・PR ⇒ 図書館の企画事業や所蔵資料等を PR し、市民が必要としている支援に関する情報を得られるようにする。
      c) 関係機関との連携 ⇒ 市民の自立・自己実現・自主的な活動への支援となるよう、専門機関、類縁機関の役割と所蔵資料等を把握し、紹介する。
   (5) 管理運営
      a) 帳票・個人情報の管理 ⇒「横浜市立図書館個人情報取扱基準」を理解し、根拠を踏まえて対応する。

b）文書・統計作成　⇒　上記「利用者支援」「資料管理」「企画事業」に必要な起案文書、報告書、統計を作成し、それを基に同僚や上司に説明を行う。

　　c）セルフマネジメント・チームマネジメント　⇒　研修等に積極的に参加し、知識・技術の習得に努め、専門職としての自己開発を行う。また、チームの一員として自分の役割を理解し、積極的に周囲に働きかける。

2.「職員Ⅱ後期」が身に付けるべき役割と専門能力・知識：
2.1「職員Ⅱ後期」の役割：
（館長・係長を補佐しつつ、後輩指導に努め、中堅職員として職場を支える職員として）
　a）個別業務の取りまとめと全体把握をする。
　b）業務の推進に向けた中心的な役割を負う。
　c）後輩職員の育成。
　d）区の読書活動状況を把握し、施策を展開する。

2.2「職員Ⅱ後期」に必要とされる専門能力・知識：
　a）チームマネジメント能力。
　b）相手の状況に応じたコミュニケーション・説明能力。
　c）専門的研修での講師スキル。
　d）事故発生時等の現場判断の能力。

3.「職員Ⅲ」において身に付けるべき役割と専門能力・知識：
3.1「職員Ⅲ」の役割：
（高い実務能力と豊富な経験をもとに、より専門的な能力を発揮しつつ、館・課の運営に携わる職員として）
　a）館長の補佐・館のチームリーダー
　b）後輩職員のサポートと育成
　c）地域団体等との円滑な関係構築

3.2「職員Ⅲ」に必要とされる専門能力・知識：
　a）経験により培われた知識・技術を応用し、業務を推進する力
　b）職場全体の状況を把握し、個々の能力に応じた適切な指導力

c）相手の状況に応じた高度なコミュニケーション、説明能力
4.「職員Ⅱ後期」と「職員Ⅲ」が共通して身に付けるべき実務能力・業務知識：
　　a）共通 ⇒ 他課・館や関係機関との調整を行い、具体的な取組を実施できる能力。また、業務の課題を解決するプロジェクトにおいて中心的な役割を担い、意見の取りまとめを行い課題解決につなげていける能力。
　　b）企画調整分野 ⇒ 他課・館での経験を活かし、市立図書館としての施策や課題解決の方向性を提案、調整する能力。
　　c）蔵書構築・レファレンス分野 ⇒ 市民のニーズを把握し、蔵書を活用した調査研究のためのツールを構築するとともに、職員相互で共有し、活用する能力。
　　d）学校連携・地域連携分野 ⇒ 各施設の読書環境整備について適切なアドバイスを行い、施設職員やボランティアに必要な知識・技術の研修を行う能力。
　　e）地域図書館運営分野 ⇒ 所属する館の利用状況や地域性を分析し、「利用者支援」、「資料管理」、「企画事業」、「管理運営」の業務の改善に向け、企画提案や調整を行う能力。
　　f）移動図書館運営分野 ⇒ 利用状況を分析し、関係機関と調整し、効果的な巡回計画を策定する能力。
　　g）障害者支援分野 ⇒ 障害者に関わる法、福祉制度を理解し、障害者の読書への支援施策を企画、実施する能力。

　横浜市立図書館が司書に要求する知識・技能及び役割は上記のようなものである。知識・技能に関してはまさに（知識基盤型の）図書館専門職としての司書の有すべき知識・技能になっている。役割に関しては、バリー市の図書館条例に記されている図書館長の役割と重なっている部分が多い。すなわち、横浜市立図書館が司書に要求する役割には管理職が担うべき役割が数多く入っている。しかし、横浜市立図書館では管理職は司書職から分離した昇任試験を受けなければならず、司書職の専門職化の観点からは大きな課題を

抱えていると言わざるを得ない。

　横浜市立図書館では司書職は一般行政職の管理下に置かれる、すなわち、知識基盤型の専門職ではなく、二線級の職種（専門職？）として位置づけられている。何故、そうなっているのだろうか。「司書職人材育成計画」は、司書の業務として、「貸出・返却、予約、レファレンス等、図書館サービスの基幹業務を確実に行うこと」、と記している。そのような認識が大きく影響していると推察される（しかし、中央図書館、都筑図書館、戸塚図書館では、「司書が専門能力を発揮できる体制を整えるために、窓口業務の貸出・返却処理や図書の物流処理などの定型的作業」に司書補助業務委託制度を導入している）。「貸出・返却、予約」業務を司書の業務と位置づけると司書職制度（専門職制度）は横浜市立図書館のような形に収斂し、欧米のような専門職制度（専門職化）は難しいと推察される。

　横浜市立図書館で司書職が二線級の専門職として位置づけられているもう一つの要因として推察されるのが「性差」の問題である。公共図書館界では女性職員が多く、横浜市立図書館でもその「性差」（女性差別）があり、それが影響していると推察される。

　横浜市立図書館では、「横浜市の図書館（横浜市立図書館年報）2018」によると、嘱託を除いた職員総数は232人で、そのうち司書が180人（約78％）、事務職員が25人（約11％）、役職者27人（約12％）である[11]。司書の割合が非常に多いが、それは筆者が専門職としての司書職の視点から批判してきたJLA図書館員の問題調査研究委員会（以下、JLA調査委員会）の司書職制度案や森JLA理事長が支持する『公立図書館の任務と目標 解説』に表れている司書職案と相似している[12]。JLA調査委員会の司書職制度案は、「司書独自の昇進の道が開かれていること」と「館長および他の司書業務の役職者も原則として司書有資格者であること」を要件としており、専門職としての司書職の視点からはJLA調査委員会の司書職制度案がまだ良い案である。

　館長職に関して本書第4章「公共図書館長 その責務と資格」で、JLAは行政職が図書館長になっても構わない、図書館長になった後、資格取得のための財政処置がなされたらむしろ歓迎すべき制度であると記していることを紹介したが、JLAはこの横浜市立図書館をモデルにしたのだろうか。それ

とも、横浜市立図書館が JLA の政策を実施に移したのだろうか。いずれにせよ、両方の考え方や政策は、司書の専門職化という視点からは大きな問題を抱えていると言わざるを得ない。

　何故、横浜市立図書館では上記のような司書職制度が確立しているのであろうか。要因の一つは、司書資格要件のレベルの低さであると推察する。他の要因として、公共図書館界では「貸出・返却、予約」業務が司書の専門的業務であるという考え方が優勢であり、自治体首脳部が司書の仕事はそのようなものであると理解しているためと推察される。「司書職人材育成計画」は司書の業務として、「貸出・返却、予約、レファレンス等、図書館サービスの基幹業務を確実に行うこと」と記していて、「レファレンス・サービス」も含まれていることを指摘する人がいるかも知れないが、わが国で本格的なレファレンス・サービスが行われている図書館は数少なく、自治体首脳部にレファレンス・サービスの重要性を理解してもらうのは至難の業である。図書館にも指定管理者制度の導入が広がりつつあり、自動貸出機が普及しつつある現在、横浜市立図書館が現在のような司書職制度をいつまで維持できるか、疑問なところもある。

　公共図書館の司書職の専門職化に関して、第二に必要なことは司書養成のレベルアップである。どれくらいまでレベルアップする必要があるだろうか。そのことに関して、市川昭午は専門職の特性として「専門技術性：長期の専門的教育を必要とし、高等教育機関における学習と現場における実習を修得した者にのみ、資格試験などを経て資格が認められること」を挙げている[13]。「liper 報告書」も大学院での司書養成を推薦している[14]。しかし、短期大学や講習でも司書の資格が取れる現状を考慮した場合、一気に大学院にまでレベルアップするよう要求するのは無理であろう。実現性のあるレベルアップは 4 年制大学の専攻または学科レベルに上げることであろう。JLA を中心に図書館界（特に公共図書館界）は司書の資格要件をそのようなレベルに上げるべく図書館法の改正運動をするべきである。

　前の章でも述べていることの繰り返しになるが、JLA を中心に図書館界（特に公共図書館界）は、司書養成のレベルアップの運動を展開すると同時に、市町村の教育委員会に働きかけて条例を改正させ、その条例の中に司書の配

置を義務化させることが極めて重要である。

　専門職団体である（あるべき）JLA はそのような改正運動をしてこなかった。何故、してこなかったか。その理由は、JLA には司書の専門職化につながるような具体的な政策がなかったからであると推察される。もしその種の政策が曲がりなりにもあったとすれば、その専門職化は現在の司書課程もしくはその改善策で十分だという意識があったからであろう。JLA は、諸外国のように図書館業務を分析し、どのような業務が専門的知識や技能を要求するかを明らかにし、そのためにはどのような養成が必要であるかを検討すべきである。

　諸外国の状況や日本の現状を勘案し、筆者は次のような2つの改革案を提案する。

〔第1案〕
(1) 短期大学における司書課程を司書補の養成に変更する。
(2) 4年制大学における司書課程を学部の専門課程（専攻や学科等）に変更する。
(3) 大学院で養成される司書を上級司書として位置づける。

〔第2案〕
(1) 短期大学における司書課程を司書補の養成に変更する。
(2) 4年制大学における司書課程の科目を30単位以上に変更する。
(3) 大学院で養成される司書を上級司書として位置づける。

　上記の2案に説明を付すと、第1案に実現の可能性があるならば、その案は諸外国と比べても遜色のない養成法になると理解する[15]。第1案に類似した提案が1972年に JLA 図書館学教育部会図書館学教育基準委員会からなされている。その提案は次のようなものであった[16]。

　　(1)「図書館学」専攻の大学院　⇒　専門司書
　　(2) 4年制大学の図書館学科もしくは専攻　⇒　普通司書1級
　　(3) 4年制大学の図書館学課程〔非専攻〕　⇒　普通司書2級
　　(4) 短大の図書館学課程〔非専攻〕　⇒　司書補

上記のJLAの提案に対して、講習廃止や短期大学を司書補に格下げしている、などと多くの批判が出た[17)18)19)]。現在振り返ってみると、その案の大きな課題の一つは、現存する「図書館法」や「学校図書館法」を廃止し、国にすべての図書館員を対象とする図書館法を制定させようとするものであり、たとえ図書館界の同意を得たとしてもその実現は極めて困難を伴っていた（不可能に近かった）であろう、ということである。

　上記の1972年の提案で図書館界から問題視された講習廃止に対しては筆者も廃止を提唱する。司書を知的専門職の一つと理解するならば、21世紀になった現在、講習で司書を養成することは不可能であると理解する。また、短期大学で得られる資格を司書補に格下げすることに対しては、2018年現在4年制大学への進学率が50％を超える状況であり[20)]、短期大学で図書館学を履修した者を知的専門職としての司書とすることは憚られる。2008年に図書館法が改正された際、専門的職員としての司書の基礎資格を学士号を前提とせず、短期大学で図書館学を履修した者も含む内容の「大学を卒業した者で大学において文部科学省令で定める図書館に関する科目を履修したもの」の文言にした文部科学省の見識を疑わざるを得ない。また、それを許しているJLAの見識も疑わざるを得ない。

　公共図書館に司書職制度を確立する際には、職員組合と交渉して組合の了承も必要になると思われるが、その制度確立のための大きな根拠は司書職が（知的な）専門性を有していることを証明することである。最も説得力のある証明は司書の養成制度である。学部の専攻や学科、または大学院でしか資格が取れないようにすれば、職員組合に対しても説得力を持つと推察される。日本の公共図書館で未だ司書職制度が確立していない根源的な要因は、現在の司書資格制度にあると思われる。

注及び引用文献
1) 日本図書館協会図書館調査事業委員会編『日本の図書館 統計と名簿 2018』日本図書館協会, 2019, p. 7.

2）高山正也『歴史に見る日本の図書館：知的精華の受容と伝承』勁草書房, 2016, pp. 26-27.
3）日本図書館協会「公立図書館の指定管理者制度について 2016」http://www.jla.or.jp/Portals/0/data/kenkai/siteikanrikeikai2016.pdf［2019. 3. 17］
4）日本図書館協会「公立図書館の所管の在り方等に関する意見」2018. http://www.jla.or.jp/demand/tabid/78/Default.aspx?itemid=3973［2019. 2. 5］
5）根本彰「単一職域の図書館専門職を目指して：中長期的課題を考える」『図書館雑誌』110 巻 10 号, 2016, pp. 627-31.
6）American Library Association, *Library and Information Studies Education and Human Resource Utilization: A Statement of Policy*. http://www.ala.org/educationcareers/sites/ala.org.educationcareers/files/content/careers/paths/policy/lepu.pdf［2019. 2. 14］
7）横浜市立図書館規則 2017. http://www.city.yokohama.lg.jp/ex/reiki/reiki_honbun/g202RG00001170.html［2019. 2. 1］
8）横浜市では「司書」という職種が設けられている。その職務概要は、「主に、図書館などにおいて司書として資料を収集し、分類整理するほか、資料の貸出、読書の案内や相談などの専門的業務に従事します」、である。参照：横浜市「職種紹介」最終更新日 2019 年 3 月 26 日 https://www.city.yokohama.lg.jp/city-info/saiyo-jinji/saiyo/shiru/shokushu.html［2019. 5. 21］。しかし、「職員Ⅰ」は行政職員等級別基準職務表 1 級に相当し、その基準となる職務は「基礎的な知識、技術又は経験により業務を行う職務」、となっている。参照：横浜市昭和 26 年 3 月 31 日条例第 15 号「横浜市一般職職員の給与に関する条例」平成 30 年 11 月 30 日施行. https://cgi.city.yokohama.lg.jp/somu/reiki/reiki_honbun/g202RG00000392.html#e000086107［2019. 5. 21］。換言すれば、「職員Ⅰ」に相当する司書は専門職（員）とは認められていないということである。
9）横浜市人材育成ビジョン教育委員会「司書職人材育成計画（司書人材育成計画改訂版）」https://www.city.yokohama.lg.jp/kurashi/kyodo-manabi/library/unei/jinzaiikusei.files/0001_20180815.pdf［2019. 6. 28］
10）山内正伸「職員のキャリア形成に向けた横浜市立図書館の取り組み：『司書職人材育成計画』の概要」『図書館雑誌』110 巻 10 号, 2016, pp. 636-38.
11）横浜市中央図書館企画運営課編「横浜市の図書館（横浜市立図書館年報）2018」http://www.city.yokohama.lg.jp/kurashi/kyodo-manabi/library/unei/Annual-report/gaiyou2018html［2019. 02. 4］
12）第 3 章「1980 年代以降の司書職（司書職制度）論の歴史」を参照。
13）市川昭午『教育行政の理論と構造』教育開発研究所, 1975, pp. 236-38.
14）日本図書館情報学会「liper 報告書」2006. http://old.jslis.jp/liper/report06/report.htm［2019. 1. 10］
15）例えば、ドイツでも 3 段階の資格制度があり、3 年間の実技と学習の徒弟的教育で Professional Structure 1（Media and Information Assistant）、（3、4 年で取得可

能な）学部レベルの学位でProfessional Structure 2（Diplom-bibliothekar=Certified Librarian）、大学院レベルの教育を履修するとProfessional Structure 3（Subject Specialist）、の資格が付与される。参照：イェンス・ボイェ；吉次基宣訳「ドイツの司書教育：ドイツの歴史的背景と特殊条件を踏まえた現在の司書教育システムとその内容について」『現代の図書館』Vol. 43, No. 1, 2005, pp. 15-25. Haerkoenen, S., *The European Perspective: Libraries and Librarianship in Germany.* 2018. http://orca.cf.ac.uk/5203/ ［2019. 6. 14］. Stöckel, U. and U. Wimmer, *Library and Information Science Education in Germany.* 2014. https://www.slideshare.net/VVBAD/lis-education-germanyend ［2019. 6. 14］

16) 日本図書館協会教育部会図書館学教育基準委員会「図書館学教育改善試案」『図書館雑誌』66巻6号, 1972, pp. 278-80.
17) 是枝英子「図書館教育改善試案への質問」『図書館雑誌』67巻2号, 1973, pp. 21-22.
18) 植松民也「『図書館学教育改善試案』の問題点」『図書館雑誌』67巻2号, 1973, pp. 22-23.
19) 是枝洋「『図書館学教育改善試案』を読んで」『図書館雑誌』67巻2号, 1973, p. 24.
20)「大学進学率、地域差が拡大」『朝日新聞』2014年10月15日号（朝刊）

付録1

『ウィリアムソン報告』の中のライブラリアンとその養成、及びその後の展開

はじめに

　アメリカ合衆国（以下、アメリカ）では、1920年代から図書館職員は専門的職員と非専門的職員から構成されるという考え方が普及している。その立役者は ウィリアムソン（C. C. Williamson）である。ウィリアムソンは『ウィリアムソン報告』(*Training for Library Service*) を 1923 年に公刊して、その後のアメリカの図書館（情報）学教育のレベルアップとライブラリアンの専門職化に貢献している。以下に、『ウィリアムソン報告』に表れているウィリアムソンの図書館職員についての考え方とウィリアムソンが委員長を務めたアメリカ図書館協会全米資格認定委員会（American Library Association Committee of National Certification、以下 American Library Association は ALA）の ALA 理事会への 1921 年報告（図書館職員の認定のグレード化と職階案）、及びその後の展開を記す。

1.『ウィリアムソン報告』の中のライブラリアンとその養成

　『ウィリアムソン報告』は図書館業務と図書館職員に関して、次のように記している[1]。

- 図書館業務を分析すると、「専門職」(professional) と「事務職」(clerical) と呼ぶべき 2 種の職務（業務）が存在する。「事務職」(clerical) は単純にビジネスの世界で使われている「事務職」(clerical) を意味していない。図書館の「事務職」(clerical) は、サブ専門職 (sub-professional) と呼ぶことも可能である。
- 図書館における専門職的な業務と事務職的な業務は、別々の一般教育と職業教育を必要とする。その意味で、図書館における「専門職（員）」と「事務職（員）」は特殊である。図書館現場では、その職務の相違は明確に理解されておらず、専門職的な業務を遂行している人も事務職的な業務を遂行している人もすべてライブラリアン (librarian)

と呼ばれている。
- 図書館サービス（業務）を効果的、かつ効率よく遂行するためには2種類の教育が必要である。1つは専門職的な業務を遂行する人を養成するための教育で、4年制の大学教育を基盤に図書館学校（library school）での1年間の大学院教育を必要とする。2つ目はサブ専門職的（もしくは、事務職的）な業務を遂行する人を養成するための教育で、高校4年間の一般教育と短期間の図書館学の教育を必要とする。
- 優秀なライブラリアンになるためには、もちろん図書館学を理解する必要がある。しかし、優れた一般教育を受けていないならば、いかに深い図書館学の教育を受けようと優秀なライブラリアンにはなれない。ライブラリアン養成において最も重要な部分は、外国語と外国文学、歴史、社会学、経済学、行政学、心理学、経済学等の知識を授ける4年間の大学教育である。
- 優秀なライブラリアンになるためには、さらに主要な分野における文献や情報源について、平均的な（4年制の）大学生より多くの知識を持ち、その上、2次文献も使いこなせなければならない。最高レベルの業務を遂行するためには、また特定の専門分野で優れるためには、図書館学校での1年間の教育を受けた後、少なくとも1年間図書館職に就き、その後に特別な専門教育を受ける必要がある。現場の図書館管理者は、専門職的業務と事務職的業務を区別する努力を怠っているように思われる。2種の業務の存在を認識している場合でも、彼ら管理者は事務職的な業務を遂行している人が経験を積むことによって専門職的な業務を遂行できるようになると信じている。例外的にそのようなことはあり得る。専門職と事務職の相違は経験の長さの相違であるという認識や理解の仕方が、図書館職の社会的な地位の低化と異常な程の給与の低さの要因になっている。業務の相違が明確に認識されたならば、ライブラリアン職は男女にとって魅力的な職業になり得るし、給与も自ずとそれ相当のものになるであろう。

2. ALA 全米資格認定委員会による ALA 理事会への 1921 年の「報告文書」

　ウィリアムソンが委員長を務めた ALA 全米資格認定委員会による ALA 理事会への 1921 年の「報告文書」は、以下のように図書館職のレベル化を推奨している[2]。階級Ⅰ-Ⅲは専門職資格で、階級Ⅳはサブ専門職（事務職）資格として位置づけられている。

　　階級Ⅰ（Class I）
　　　学歴：①英語以外の現代語の読解力も身に付けての大学卒業と、②最低 1 年間の図書館学校での履修、そして指導教授の推薦付きの卒業。
　　　経験：最低 10 年の図書館経営もしくは特別の技術と責任の伴った専門職的図書館勤務経験。
　　階級Ⅱの A 等級（Class Ⅱ: A Grade）
　　　学歴：①英語以外の現代語の読解力も身に付けての大学卒業と、②最低 1 年間の図書館学校での履修、そして指導教授の推薦付きの卒業。
　　　経験：最低 5 年の専門職的図書館勤務経験。
　　階級Ⅱの B 等級（Class Ⅱ: B Grade）
　　　学歴：①英語以外の現代語の読解力も身に付けての、少なくとも 1 年間の大学での学習と、② 1 年間の図書館学校での学習と指導教授の推薦付きの卒業、もしくは図書館学（library economy）の試験と資格委員会が決める他の試験の合格。
　　　経験：10 年間の図書館勤務経験。
　　（因みに、階級Ⅱの対象職位は、小都市の公共図書館長、小規模の州立図書館長、小規模の大学図書館の館長または副館長、あらゆる規模の図書館の課長、分館長、レファレンス・ライブラリアン、主要な学校図書館のライブラリアン、主要な専門図書館の館長、図書館学校の教員、等であった）

階級Ⅲの A 等級（Class Ⅲ : A Grade）
　学歴：①英語以外の現代語の読解力も身に付けての大学卒業と、②最低１年間の図書館学校での履修、そして指導教授の推薦付きの卒業。
　経験：不要。
階級Ⅲの B 等級（Class Ⅲ : B Grade）
　学歴：①英語以外の現代語の読解力も身に付けての、少なくとも１年間の大学での学習と、②１年間の図書館学校での学習と指導教授の推薦付きの卒業、もしくは図書館学（library economy）の試験と資格委員会が決める他の試験の合格。
　経験：不要。
（因みに階級Ⅲの対象職位は、図書館のあらゆる部署における専門職員、小規模図書館の館長、小規模部課の部課長、小規模分館の館長、等であった）
階級Ⅳの A 等級（Class Ⅳ : A Grade）
　学歴：①４年制高校の卒業と、②訓練クラスや訓練機関（training agency）での学習。
　経験：不要。
階級Ⅳの B 等級（Class Ⅳ : B Grade）
　学歴：①４年制高校の卒業と、②図書館技術（library technique）の試験と資格委員会が決める他の試験の合格。
　経験：最低１年間の監督付きの図書館勤務経験。

　この「報告文書」は、*The Williamson Reports of 1921 and 1923* の中の「図書館業務のための養成」（*Training for Library Work*）の中に付録６として所収されている。その「報告文書」は ALA 理事会では受け入れられなかったが、ウィリアムソンの図書館職についての考え方を知る上で、貴重な歴史的文書になっている。

133

3. その後の展開

　上記の2つの文書が功を奏して、1923年にALAの中に図書館職員分類委員会（Committee on the Classification of Library Personnel）が設置された。そして、1934年にはカリフォルニア州図書館協会（California Library Association）によって「カリフォルニア州の市立図書館の職員構成と給与計画」（Classification and Pay Plans for the Municipal Libraries of California）が作成され、1939年にはALAによって「市立公共図書館の職員構成と給与計画」（Classification and Pay Plans for the Municipal Public Libraries）が作成されるようになった。

　養成の面では、ウィリアムソンの推奨により、1923年にALAの中に臨時図書館教育委員会（Temporary Library Training Board）が設置された。臨時図書館教育委員会は、ALAの中に常置の図書館員養成委員会（Board of Education for Librarianship、以下BEL）を設置するようALA評議会に勧告した。そして、BELには12の機能を付与するよう勧告した。その中の8点は次のようなものであった。

(1) 変化するニーズも含めた図書館サービスを研究し、図書館員養成のレベルを向上させること。
(2) 現在の図書館学校が図書館専門職のニーズをどの程度満たしているかを調査すること。
(3) 図書館学校、夏期講習、学校図書館員コース、研修コース、通信教育等に対する最低基準を作成して、ALA評議会に提出すること。
(4) 作成された基準に基づいて養成機関を分類すること。
(5) 認定された養成機関を毎年公表すること。
(6) 統一したシステムを開発するために、養成機関間の調整を図ること。
(7) 大学の慣行との一貫性を保ちながら、統一のとれた単位システムを確立すること。
(8) 図書館学教育（機関）への助成の際にはBELが諮問機関になること。

付録 1 『ウィリアムソン報告』の中のライブラリアンとその養成、及びその後の展開

　上記の「(5) 認定された養成機関」(その際には認定基準が含まれる) に関して、臨時委員会は ALA 評議会への報告の中に、以下のように案を付録として付している。その案は、8つのカテゴリーに分け、それぞれのカテゴリーにおける組織 (位置づけ)、学校長、教授陣 (人数や資格)、財政、設備、入学要件、カリキュラム内容、卒業時の資格や学位、等の基準案を細かく作成している (以下では、"library school" のカテゴリーだけアウトラインを付けてある)。

① 大学院図書館学校 (Graduate library school)
　学位授与機関での設置。入学要件：学士号。教育：1年間の図書館学教育。修了時：修士号の授与。
② シニア学部課程図書館学校 (Senior undergraduate library school)
　学位授与機関での設置。入学要件：3年間の大学教育。教育：1年間の図書館学教育。修了時：学士号の授与。
③ ジュニア学部課程図書館学校 (Junior undergraduate library school)
　学位授与機関もしくは認可された図書館に設置。入学要件：1年間の大学教育。教育：1年間の図書館学教育。修了時：資格証の授与。
④ 夏期講習コース (Summer Library Course)
⑤ 図書館における研修コース (Library Training Class)
⑥ 図書館における見習生コース (Library Apprentice Class)
⑦ 学校図書館員コース (Course in Normal Schools and Teachers' Colleges for School Librarians)
⑧ 通信教育コース (Library Course, Correspondence and Extensions)

1924 年に常置の BEL が設置された。BEL は 1925 年に次のような図書館学校最低基準 (Minimum Standards for Library Schools) を作成した。

　ジュニア学部課程図書館学校 (Junior undergraduate library school)
　　入学要件：高卒。教育：1年間の大学教育。修了時：資格証の授与。
　シニア学部課程図書館学校 (Senior undergraduate library school)
　　入学要件：高卒。教育：3年間の大学教育。修了時：学士号の授与。

135

大学院図書館学校（Graduate library school）
　入学要件：学士号。修了時：資格証の授与。
上級大学院図書館学校（Advanced graduate library school）
　入学要件：学士号。修了時：修士号もしくは博士号の授与。

ジュニア学部課程図書館学校とシニア学部課程図書館学校に関しては、次のような説明が付いている。

　現状を考慮すると学部課程の図書館学校をなくすことは無理であるが、いずれ消えるであろう。ジュニア学部課程とシニア学部課程の大きな相違は入学要件である。入学要件によって教える主題（の深さ）が異なるので、入学要件の相違は根本的なものである。例えば、ジュニア学部課程で目録を教える際、学生に2年生以上の主題知識を期待することはできない。しかし、シニア学部課程で目録を教える際、4年生の主題知識を想定することができる。学部課程の図書館学校は小規模図書館の館長や中・大規模図書館の専門職的補助者（professional assistant）を育成すべきである。

1926年に認定された図書館学校が公表された。「ジュニア学部課程図書館学校」として認定された図書館学校はプラット・インスティテュート（Pratt Institute School of Library Science）を含めて8校、「シニア学部課程図書館学校」として認定された図書館学校はシモンズ大学（Simmons College School of Library Science）とワシントン大学（University of Washington, Library School）の2校、「大学院図書館学校」として認定された図書館学校はカリフォルニア大学（School of Librarianship, University of California）を含めて5校、「上級大学院図書館学校」は皆無であった。

BELは、1933年には1925年の基準を改訂し、以下のような図書館学校最低必要基準（Minimum Requirements for Library Schools）（3類型）を作成した。

　類型Ⅰ ⇒ 入学要件：学士号。教育：少なくとも1年半以上の図書館学

　　　　　教育を要する上級図書館学教育。
　　類型Ⅱ ⇒ 入学要件：学士号。教育：1年間だけの図書館学教育。
　　類型Ⅲ ⇒ 入学要件：学士号は不要。教育：1年間だけの図書館学教育。

　上記3類型の中で、類型Ⅰと類型Ⅱの相違が理解しにくいが、1933年認定基準は質を重視した基準であった。すなわち、類型Ⅰは修士号や博士号を授与する学校（学部）であり、類型Ⅱは大学院に近いレベルで教育し、学位は図書館学学士（Bachelor of Library Science）等を授与する学校を意味していた。換言すれば、類型Ⅰは修士号や博士号を授与する大学に設置され、類型Ⅱは大学院を有しない大学に設置されているか、もしくは大学院を有している大学に設置されていても図書館学校自体が修士号を授与する資格を有しない（そのレベルに達していない）と判断される学校を意味していた。

　BELは1951年に1933年基準を改訂した。基準の名称は「認定基準」（Standards for Accreditation）であった。そして、図書館学校（学部）への入学資格を4年制の大学卒とし、修了時に授与する学位を修士号とした。1951年の「認定基準」によって、ウィリアムソンの勧告事項「専門職ライブラリアンの養成は、最低でも4年制大学における広い一般教育と、しっかりした図書館学校における少なくとも1年間の大学院教育が必要である」が実現した。そのことによって、図書館職は名実ともに知識基盤型専門職の仲間入りを果たした。ウィリアムソンの勧告が実現されるまでに、実に30年近くも要した訳である[3]。

4. まとめ

　『ウィリアムソン報告』の中に表れている図書館業務分析、及びライブラリアン養成に対する勧告を見てきた。そして、その勧告から始まるアメリカのライブラリアン養成の歴史を概観した。スタートの地点では、ウィリアムソンの影響が大きかったが、（ここでは言及できなかったが）カーネギー財団の財政的バックアップが大きな影響を及ぼしたことも記しておく必要があろう。その後は、ALAの中に設置されたBELが大きな推進力になった。なお、日

本図書館協会（以下、JLA）の図書館情報学教育委員会に相当する委員会は Committee on Education で、BEL は欧米独特の委員会である。日本では BEL の機能は文部科学省が有している。

　アメリカでは、1924 年の養成基準では基礎資格は短期大学レベルであった（ジュニア学部課程図書館学校：入学要件は高卒；教育は 1 年間の大学教育）。しかし、1933 年基準になると、基礎資格は 4 年制大学（ただし、類型Ⅲ：入学要件として学士号は不要、教育は 1 年間の図書館学教育）になった。そして、1951 年には資格に区別を設けず、最低資格を修士号としている。

　日本は 1950 年の図書館法の制定以来（厳密には短期大学の設置が認可されて以来）、2018 年現在でも司書資格の基礎資格は短期大学である。70 年近く経っても全く変わっていない。その状況を JLA や日本の図書館界はどう説明できるのだろうか。アメリカと日本とでは専門職団体の役割や権限は異なるけれども、日本の図書館専門員の養成において JLA の果たすべき役割は大きいと推察される。我々が羨むアメリカの図書館専門職の養成は現在の状況に至るまでに、上記のように 30 年かかっている。アメリカを参考にして、JLA 及びその図書館学教育部会を中心に図書館界が一丸となって図書館専門員の養成のレベルアップに努力すべきであろう。

　日本における図書館専門員の養成、特に公共図書館における図書館専門員（司書）の養成に関して、図書館流通センター（以下、TRC）が「責任をもって館長も含めたスタッフを育成し（後略）」、と記している[4]。果たして、TRC のような企業が図書館専門員（司書）を養成できるのだろうか。

　なお、国際図書館連盟（International Federation of Library Associations and Institutions: IFLA）の 2010 年刊の『IFLA 公共図書館サービスガイドライン』は、次のように記している[5]。

　　ライブラリアンは、地域社会において利用者のニーズを満たすために、図書館情報サービスおよび図書館情報システムを設計し、計画し、組織し、実施し、管理・運営し、評価する。このなかには、コレクションの構築、情報資源の組織化と活用、利用者の情報探索および利用への助言および支援の提供、さらには図書館が保有する情報資源へのアクセスを

容易にするシステムの開発が含まれる。専門職の資格をもつライブラリアンは、地域社会について知り、理解し、サービス対象である地域社会の構成メンバーと常に接触を保持しなければならない。(後略)

　図書館専門員としての司書には、上記のような役割が期待されている。TRC にそのような司書の養成ができるとは思えない。TRC が主張しているのは、24 単位の図書館情報学を履修すれば短期大学でも資格が取れる現在の司書のことである。そのような司書が上記のような役割を果たせるかどうかは、TRC の関知することではない、と TRC に言われるかも知れない。JLA を中心とした図書館界が現在の司書課程を容認し、研修で司書のレベルアップを図ろうとするならば、高山正也が論じるように、やがて司書の就職先は指定管理者になっていくであろう[6]。JLA を中心とする図書館界にはゆっくりと熟慮する時間的余裕はないと思われる。

　第 2 節で、ウィリアムソンが委員長を務めた ALA 全米資格認定委員会の ALA 理事会への 1921 年報告 (図書館職員の認定のグレード化と職階案) を取り上げたが、それはウィリアムソンが図書館現場の職員構成まで視野に入れていたことを示すためである。すなわち、図書館職員の養成は図書館職員の現場での構成への配慮なしにはあまり意味がなく、また、その逆、図書館職員の構成に対する議論もそれら職員の養成に対する配慮なしにはあまり意味がないことを示すためである。その点、大庭一郎が 1994 年に論稿「米国の公共図書館における専門的職務と非専門的職務の分離：1920 年代から 1950 年代までを中心に」を公表し[7]、日本の図書館界にとって大きな刺激になっているが、欲を言えば、その期間におけるライブラリアンの養成にも触れるべきであったと思われる。

注及び引用文献

1) Williamson, C. C., *The Williamson Reports of 1921 and 1923 including for Training for library work (1921) and Training for Library Service (1923),*

Scarecrow Press, 1971, pp. [3]-6.
  ただし、*Training for Library Service* については 1923 年に公刊されおり、『ウィリアムソン報告』と言えば通常こちらを指す。
2) American Library Association Committee of National Certification, "Report of A. L. A. Committee of National Certification, 1921." 上記の *The Williamson Reports of 1921 and 1923* の中の *Training for Library Work* の中に付録 6 として収載されている。
3) 大城善盛「『ウィリアムソン報告（複）』(Williamson Reports = Training for Library Work + Training for Library Service) に関する考察」『花園大学文学部研究紀要』46 号, 2014, pp. 89-131. なお、1972 年の認定基準までの経過に関しては、次の拙稿を参照。大城善盛「アメリカ合衆国の図書館情報学教育における認定」『図書館界』50(4), 1998, pp. 168-77. また、2008 年の認定基準に関しては、次の文献を参照。中島幸子, 大城善盛, 漢那憲治, 山本貴子「ALA の図書館情報学教育認定基準 2008 年版に関する考察：1992 年版の改定と課題を中心に」『同志社大学図書館学年報』36 号, 2010, pp. 21-50.
4) 図書館流通センター「PFI・指定管理者制度・業務委託について」https://www.trc.co.jp/outsourcing/case.html [2019. 1. 23]
5) Koontz, C. and B. Gubbin, (eds.) *IFLA Public Library Service Guidelines*, 2nd completely revised ed. International Federation of Library Associations and Institutions, 2010, p. 85. 翻訳版：クリスティー・クーンツ, バーバラ・グビン編；山本順一監訳；竹内ひとみほか訳『IFLA 公共図書館サービスガイドライン：理想の公共図書館サービスのために』第 2 版, 日本図書館協会, 2016, pp. 124-25. https://www.ifla.org/files/assets/hq/publications/series/147-ja.pdf [2019. 1. 25]
6) 髙山正也『歴史に見る日本の図書館：知的精華の受容と伝承』勁草書房, 2016, pp. 26-27.
7) 大庭一郎「米国の公共図書館における専門的職務と非専門的職務の分離：1920 年代から 1950 年代までを中心に」『図書館学会年報』40 巻 1 号, 1994, pp. 11-39.

付録2

アメリカ図書館協会の図書館専門職に対する考え方

はじめに

　アメリカ合衆国（以下、アメリカ）にはアメリカ図書館協会（American Library Association、以下 ALA）が推薦する図書館専門職（図書館専門職制度）がある。ALA は 1970 年に「図書館学教育と人事政策」（Library Education and Personnel Utilization）の名称で図書館の人事政策を公表していたが、2002 年に改訂して、「図書館情報学教育と人事政策」（Library and Information Studies Education and Human Resource Utilization、以下 LISEHRU）の名称に変えた[1]。その政策は 2018 年現在でも、ALA の政策となっている。その人事政策の中に ALA の考える図書館専門職を見ることができる。以下で、最初にその人事政策を紹介し、次に筆者のコメントを付す。

1. アメリカ図書館協会の図書館情報学教育と人事政策

　ALA は、LISEHRU の中で付録 2 表 1 と付録 2 表 2 のような人事政策を公表している。そして、番号を付して説明を加えている。以下に重要と思われる、もしくは日本の司書職を考えていく際に有用であると思われる説明をピックアップし、筆者なりの番号を付して紹介する。

(1) この人事政策の目的は、図書館人事のカテゴリーを推薦し、そのカテゴリーに当てはまる人の養成レベルを推薦することである。そのようなカテゴリーと養成によって、あらゆる図書館において最高レベルのサービスができ、様々なスキルや資格の有効利用が可能になる。
(2) 図書館サービスの目標を達成するためには、専門職員と支援職員が必要である。このように、図書館職（library occupation）は図書館専門職（library profession）より広い概念であり、図書館専門職は図書館職の一部である。しかし、図書館専門職（界）は図書館で働くすべての職員（図書館専門職員であろうと支援職員であろうと）の教育や訓練のレベルを規定する責任を負っている。

付録2　アメリカ図書館協会の図書館専門職に対する考え方

付録2表1　図書館人事のカテゴリー（専門職）

図書館関連の資格	非図書館関連の資格	必要条件	責務の内容
Senior Librarian	Senior Specialist	Librarian/Specialistの必要条件に加えて、妥当な経験と継続的な専門職的進歩	管理職などのトップレベルの責務；特定の図書館における優れた知識；図書館にとって価値のある他の領域における優れた知識
Librarian	Specialist	Librarianは修士号；Specialistはその専門分野の専門職的学位	独立の判断を要する管理や監督；規則や手順の解釈；図書館問題の分析；それらの問題に対するオリジナルで創造的な解決策（通常、学術学位によって得た主題知識を使う）

付録2表2　図書館人事のカテゴリー（支援職）

図書館関連の資格	非図書館関連の資格	必要条件	責務の内容
LIS Associate	Associate Specialist	（可能ならば図書館情報学の）学士号；学士号プラスいくぶんの大学科目	図書館経験があれば管理職；経験が深ければ図書館スペシャリスト（ILL、保存、検索、2番手のレファレンス、コピーカタロギングなどの業務関連の訓練で補強される）
LIS Assistant	Assistant Specialist	最低2か年の大学教育；準学士号（library technical assistantの養成教育のあるなしにかかわらず）、高校での適切な訓練；資格証プログラム	決まっている方針や手続きに従って行う支援職；また、そのような業務の監督
Clerk（各図書館の事情により正確なタイトルは異なる）	Clerk（各図書館の事情により正確なタイトルは異なる）	高等学校卒業もしくは同程度	各図書館によって与えられる職務

(3) 優れた図書館サービスを遂行するためには、図書館学以外のスキルも重要である。図書館専門職員であろうと支援職員であろうと、そのようなスキルを有している人を公平に認めるべきである。

(4) 付録2表1の中の図書館職員のタイトルは、大まかなものであり、各図書館ではそのカテゴリーの中で、いくつかの昇級がなされるという前提に立っている。各カテゴリーの中では特定の職務タイトルが与えられるであろう。例えば、カタロガー、レファレンス・ライブラリアン、児童図書館

員などの職務タイトルが"Librarian"もしくは"Senior Librarian"のカテゴリーの中で使われるだろう。"Senior Librarian"のカテゴリーの中では、部長、館長または他のスペシャリスト名が与えられるであろうが、その際にはそれらの職務には他の資格や責務が必要となるであろう。しかし、このカテゴリーは弾力的で、図書館現場では様々な職責と職務があり、その手助けとなることが意図されている。

(5) タイトル"Librarian"は、専門的職務を掌る専門職員（professional）を意味している。「専門的職務」とは、特定のバックグラウンドと教育を必要とする職務のことである。その職務とは、図書館ニーズを特定し、問題を分析し、目標を設定し、目標達成のためのオリジナルで創造的な解決法を編み出し、理論と実践を統合し、計画し、コミュニケートし、成功に導くようなサービス・プログラムを運用することである。利用者へのサービス内容を決定する際に、専門職員（professional）は現在の利用者と潜在的利用者も考慮に入れる。そして、すべての利用者がそのサービスを受けられるように計画を立てる。

(6) それ故に、"Librarian"というタイトルは、上記した資格と責任を負わされている職位を表すときにのみ使用すべきである。規則や技術をルーティン的に応用する職位に、いくらその職位が図書館運用において有用かつ効果的であっても、職名として"Librarian"という用語を使うべきでない。

(7) 規模が小さ過ぎて専門職員（professional）を雇用できない場合でも、"Librarian"によるサービスを提供すべきである。そのような図書館は他館と共同契約を結ぶか、大きな共同システムに入るべきである。

(8) カテゴリーの中の"Clerk"には、図書館学の学術的教育は要らない。このカテゴリーの職務は、一般的な事務的、秘書的熟練を要する。"Clerk"に要求される基本的な図書館用語や図書館業務の中のルーティン的なものは職場研修で獲得され得る。

(9) カテゴリーの中の"Assistant"には特定の技術的スキルが要求される。それらのスキルは上級の"Clerk"のものではない。"LIS Assistant"とは図書館関係のスキルを有している人のことである。そのようなスキルには、例えば、初歩的書誌検索、特定の技術（technology）の利用などがある。

また、マルチメディア器具の使用法、初歩的データ処理、展示術などは"Assistant Specialist"のカテゴリーに入る。それらの業務の遂行には大学における教養的教育は必要でない。

⑽ カテゴリーの中の"Associate"は、4年制大学からの学士号が要求される。職務では図書館に関する知識よりは教養的知識が重要視される。"LIS Associate"と"Associate Specialist"の相違は、職務内容と責任制の相違である。図書館学を副専攻していようといまいと、また、図書館勤務経験があろうとなかろうと、学士号を保持していれば、このカテゴリーで採用される。

⑾ この"Associate"カテゴリーは、能力のある人に"Librarian"になる機会を与える。すなわち、図書館で働きながら、大学院で図書館情報学を学ぶ機会を提供する。

⑿ 管理職の責務は高いレベルの専門性を要求する。館長職は経営学を専攻している"Senior Librarian"カテゴリーの資格が要求される。しかし、"Senior Librarian"カテゴリーは管理職にのみ適用される性質のものではない。図書館においては、他の領域でも館長職と同様の重要性を持つ領域がある。例えば、文書領域、書誌(分類と目録)領域、レファレンス領域などがある。

⒀ ①図書館サービスと技術(technology)が変化・拡大するにつれて、②コミュニケーション・プロセスにおいて新しいメディアや技術がより重要になるにつれて、③資料の扱い方に新しいアプローチが採用されるようになるにつれて、図書館での採用人事に様々な要求が出てくる。"Specialist"カテゴリーでは図書館情報学以外の専門性が要求されるだろう。多くの"Senior Librarian"ランクの職位には図書館情報学ではなく、他の領域での上級の学位が望ましい。

⒁ 図書館学(図書館職)の原理は単一の領域ではカバーできない広い情報と知識に応用されるがために、また、それらの原理は図書館学プロパー以外の主題とも関連しているがために、その原理を教える教育は人文学、社会科学、科学の領域を含む教育を基礎に行われるべきである。

⒂ 2か年の Technical Assistant (LIS Assistant) 養成プログラムでは、一般

145

的な図書館の概念や手順よりもスキルの訓練を強調すべきである。
⒃ 4年制大学における［学部レベルの］図書館（情報）学教育は、Technical Assistant（LIS Assistant）養成プログラムは例外として、教養教育として提供されるべきである。
⒄ 図書館情報学の修士課程プログラムの目的は、図書館専門職を常に前進させるのに必要な変化を予測したり、変化の舵取りをしたりして、進歩を遂げる能力を有するライブラリアンを養成することである。そのカリキュラムや教育方法は、現在の実践に役立つのを目的とするのではなく、未来を見据えたものにするべきである。
⒅ キャリア開発と継続学習は、個人（本人）、雇用者、教育機関、専門職団体の共同責任である。
⒆ 教育機関は、図書館情報専門職のニーズを反映させた学習（教育）の機会を提供すべきである。
⒇ 専門職団体は、会員のニーズにマッチした学習機会の提供に責任を有する。

2. コメント

　以上、2002年に改訂され、2018年現在でも有効であるALAのLISEHRU（図書館情報学教育と人事政策）を概観した。以下に、日本の公共図書館における司書及び司書養成との比較を行う。
　根本彰が2016年に、「単一職域の図書館専門職を目指して」の中で、「職域」という概念を用いて、わが国で図書館職が一つの職域を形成するものにならなかった理由について考察している[2]。その理由（要因）に対する洞察は説得力を有しているが、根本はまた、「図書館職の専門職論は成り立つか」の項目で、次のように論じている。

　　専門職の議論で重要なのはその前提としての「職域」の存在である。専門的知識・経験を適用できる領域のことであり、図書館職では言うまでもなく図書館ということになるが、それでは社会学的には浅薄な理解

である。通常、ある職が個々人の所属する組織を超えての使命と職務内容を共有することで、はじめて専門職の議論をすることが可能になる。だが、図書館はきわめて多様な制度的な位置づけにある。公共、大学、学校の3館種は、法的な位置づけや所官庁の担当部局が異なる。館種によって分断され、別々の法的議論をせざるをえないから、一つの職域として仕事をしているとは言えない。これでは訓練や知識技術についての議論はできないのである。

　上記のように、根本は「職域」という用語を使って図書館職の専門職論を論じているが、「図書館職では言うまでもなく図書館ということになる」という表現には疑問を感じる。アメリカやオーストラリアの図書館職が専門職化に成功している大きな要因の一つは、業務分析を行って専門的業務の部分を抽出するのに成功していることである。LISEHRU は、「(2) 図書館サービスの目標を達成するためには、専門職員と支援職員が必要である。このように、図書館職（library occupation）は図書館専門職（library profession）より広い概念であり、図書館専門職は図書館職の一部である」、と記している。「図書館職では言うまでもなく図書館ということになる」という表現は、根本の文脈では図書館業務すべてが専門職的「職域」ということになる。すなわち、ALA の記す「図書館職」(library occupation) がすべて専門職的業務で、専門的知識・経験を適用すべき領域ということになる。根本の本意はそうではないと推察するが、日本では、多くの図書館関係者が図書館職（library occupation）の職域で「図書館職の専門職論」を論じている。上記のように、アメリカでは（イギリスなども含めて）「図書館職」は「専門職」とは見なされていない。「図書館職」(library occupation) の中の専門的業務（職務）のみが専門職に値する、というふうに理解されている。日本でも図書館職と図書館専門職（司書職）の相違を理解し、「図書館職員」と「図書館専門員」（司書）を峻別することが専門職化への第一歩であると推察する。

　また、LISEHRU には、「(14) 図書館学（図書館職）の原理は単一の領域ではカバーできない広い情報と知識に応用されるがために、また、それらの原理は図書館学プロパー以外の主題とも関連しているがために、その原理を教え

る教育は人文学、社会科学、科学の領域を含む教育を基礎に行われるべきである」、という一文がある。その一文は、ライブラリアン養成は理想的には大学院、少なくとも学部の学科もしくは専攻レベルで行われるべきであると示唆しており、日本では短期大学でも資格が取得できるという日本の司書課程の不適格性を指摘しているとも受け止められる。

「(18) キャリア開発と継続学習は、個人（本人）、雇用者、教育機関、専門職団体の共同責任である」、「(19) 教育機関は、図書館情報専門職のニーズを反映させた学習（教育）の機会を提供すべきである」、「(20) 専門職団体は、会員のニーズにマッチした学習機会の提供に責任を有する」、の3つの文は、専門職ライブラリアンの継続学習とキャリア開発の必要性についての記述である。JLAでは現司書の弱点をカバーするためにキャリア開発プログラムを行っていて、それで満足している雰囲気があるが、上記3つの文は、入職レベルを上げることなく、いくらキャリア開発プログラムを行っても不十分であることを示唆している。JLAはキャリア開発プログラムで満足するのではなく、それは次善の策、そして暫定的な策として位置づける必要があろう。

引用文献
1) American Library Association, *Library and Information Studies Education and Human Resource Utilization: A Statement of Policy*. 2002. http://www.ala.org/educationcareers/sites/ala.org.educationcareers/files/content/careers/paths/policy/lepu.pdf [2019. 2. 14]
2) 根本彰「単一職域の図書館専門職を目指して：中長期的課題を考える」『図書館雑誌』110巻10号, 2016, pp. 627-31.

あ と が き

　2010年に、コペンハーゲン大学の図書館情報学研究者ヨフムセン（H. Jochumsen）等は「知識・経験の社会における新しい公共図書館モデル」を公表し、今後の公共図書館は「ひらめき（inspiration）のスペース」、「学習（learning）のスペース」、「会合（meeting）のスペース」、「パフォーマンス（performative）のスペース」、として定義づけることができるとした[1]。

　他方、公共図書館関係者を集めて2013年に開催されたアメリカ合衆国のアスペン公共図書館会議（Aspen Institute Dialogue on Public Libraries）では、21世紀のデジタル時代における公共図書館は、「人々（people）」、「場所（place）」、「プラットフォーム（platform）」、の3つの概念で規定することができるとしている[2]。以下に、アスペン公共図書館会議の報告書の中から、「人々としての図書館」（library as people）の部分を紹介する。

　「人々としての図書館」ということは、従来、主要な業務であった「コレクション構築」から「コミュニティの人的資本、関係性、知識ネットワークの構築」への転換を意味する。今後の公共図書館の使命は、地域の人々の学習を奨励し、知識を進展させ、コミュニティを強化することである。その際には人々（利用者）が中心となる。公共図書館は利用者とチームを組む時に最も生き生きする。その利用者とは次のような人たちのことである。

(1) 図書館のカラフルな居心地のよい椅子に座って、子どもと一緒に本を読んでいる保護者たち。
(2) 図書館の騒々しい学習ラボで、新しいビデオソフトの開発に取り組んでいる青少年たち。

(3) 高校のオンライン科目の一部として、図書館の主催するディスカッション・クラスに参加している学生たち。
(4) ビジネス・ライブラリアンの指導の下で履歴書を書いている就職希望者たち。
(5) 図書館の協働（coworking）スペースで図書館が用意してある Wi-Fi を利用してプレゼンテーションを準備したり、メーカースペース（makerspace）で新製品を作ったりしている起業家たち。
(6) コミュニティの指導者の下で、英語を学び、就職の機会を広げている移民の人たち。
(7) オンライン・ツールを使って、孫たちのためにデジタルのスクラップ・ブックを作っている定年退職者たち。
(8) 図書館の新しい出版プラットフォームで出版をする執筆者たち。

「人々としての図書館」には有能なライブラリアンがいて、利用者の新しい技術の習得を手助けし、大量のデータを管理し、利用者の情報ニーズに応えている。図書館職員（library staff）は、個人やコミュニティのニーズを予測し、ローカルやグローバルのレベルで情報を入手し、そのニーズに応える。公共図書館の役割が拡大すると、すなわち、新しいニーズが発生するとそれに応えるために、さらにはコミュニティにとっての図書館の価値をさらに高めるために、常に自分たちのスキルを洗練させてきている。図書館職員は、今後、コーチ（coach）、ファシリテータ（facilitator）、教員（teacher）など、多くの役割を負わされるであろう。そして、評価に関しては、アウトプットよりもアウトカムがより重要になるであろう。大量の貸出冊数ではなく、「知的コミュニティの形成」が公共図書館の第一の目標となるであろう[3]。

以上のことは、アメリカに根付いている、「民主主義の砦」または「市民の大学」とも呼ばれることのある公共図書館の将来像であり、日本の公共図書館には当てはまらないところもあるが、全体的には日本でも将来考えても（受け入れても）よさそうな将来像である。

あとがき

　吉田忠彦は 2019 年に今後の日本の公共図書館について次のように述べている[4]。

　　これまでも図書館は、本や記録などの資料を収集、整理、研究からレファレンス、貸出、展示、そしてレクリエーションなどの基本的機能から、ビジネス支援、子育て支援、農業支援などに拡張されてきたが、その流れは政策立案、市民活動などの支援にも及んでいくであろう。あるいは、各種の支援活動のプラットフォーム機能を果たすことになるだろう。

　　その場合に、今後もっとも大きな変化になると予測されるのが、多様な言語や文化への対応であろう。これまで日本の図書館は、ごく一部のものを除いて日本語と日本文化を暗黙の内の前提としてきた。それがさまざまな国からの外国人が増加しているために、多言語・多文化共生を前提とせねばならないようになってきた。むしろ、日本語や日本文化をベースにしない人びとこそ情報や支援へのニーズが高いはずで、それらが提供されるならば、彼らは図書館にアクセスしてくるだろう。そうすると、日本語や日本文化の方が逆にマイノリティ化するような地域や図書館が登場することも考えられる。いずれにしても、図書館はますます情報、支援、言語、文化などがハイブリッド化する場になっていくだろう。

以上の吉田の公共図書館像は、アメリカのような IT を利用したサービスには言及してなく、また今後は日本の公共図書館も IT を利用したサービスを考えていく必要があるが、十分納得のいく将来像である。日本でも日本図書館協会（JLA）を中心に公共図書館界が「日本の公共図書館の将来像」を作成し、公表する必要があると思われる。その際には、どのような図書館長や司書が必要であるかも含めるべきである。
　司書も含めた図書館専門員の養成に目を向けると、JLA を中心とする図書館界が図書館専門員像を明確にし、その養成を主目標に図書館（情報）学教育は行われるべきである。しかし、日本の現状は公共図書館の司書像さえ

明瞭でなく、図書館専門員の養成は3極化している。1つ目の極は、図書館法による図書館専門員（司書）の養成で、2018年現在、148の4年制大学、53の短期大学（部）で養成が行われ、毎年7、8000人が司書の資格を取得すると言われている。しかし、司書職制度が十分に確立していないこともあって、実際に公共図書館に就職する資格取得者は200人未満だと言われている。そのような状況だと、何のためにそんなに多くの大学・短大で司書課程が存在するのだろうか、という疑問が出てくる。図書館界には確固たる証拠に基づいた説得力のある説明が必要である。しかし、現在のところ、そのような説明はない。図書館情報学研究者の怠慢のようにも思われる。

2つ目の極は、学校図書館法による図書館専門員である司書教諭の養成である。学校図書館司書教諭講習規程により学校図書館関係の科目を5科目10単位履修すれば、司書教諭の資格が取れる。2018年現在、37大学と1短期大学で司書教諭養成の講習を実施している[5]。司書教諭の資格が5科目10単位の履修で十分かどうかの議論があってもよさそうであるが、そのような議論はあまりない。

なお、2003年以来、12学級以上の学校には司書教諭を配置することになっているが、学校図書館法の中に「前項の司書教諭は、教諭をもって充てる」（2014年まで）、という規定があるために、司書教諭職は図書館の専属ではなく、一種の校務分掌となって授業との掛け持ち業務となり、アメリカのように常時図書館に勤務しているような専任の司書教諭は極めて少なく、実質的な配置とは言えない状況にある。

そのような状況が続いたためか、学校図書館法は2014年に改正され、「司書教諭のほか、学校図書館の運営の改善及び向上を図り、児童又は生徒及び教員による学校図書館の利用の一層の促進に資するため、専ら学校図書館の職務に従事する職員（次項において「学校司書」という）を置くよう努めなければならない」、という項目が追加された。「学校司書」の配置努力は次善の策として考慮されたと推察されるが、その努力義務が達成されたとして、果たして「学校司書」は図書館専門員に値するかどうか、今後学校図書館界はその判断を迫られるであろう。

その際には、国際図書館連盟（International Federation of Library Associations and Institutions: IFLA）の『学校図書館ガイドライン』が、「学校図書館の最も重要な資源は、教師と協働する資格ある専門職ライブラリアンである」と記し、「スクール・ライブラリアン（school librarian）とは、学校図書館のプログラムやサービスに責任を有する図書館学の教育を受けた教員のことである」と定義し、そして日々の運用の管理に加えて、スクール・ライブラリアンは、①コレクション構築や学年のレベルに合わせたメディア・情報リテラシー技術を教えることでカリキュラムを支援し、②読書能力に合わせた読書資料を生徒が選択する際に手助けし、③教師が授業に図書館資料やサービスを統合する際に手助けする」、と記していることを念頭に置く必要があろう[6]。

　さらには、上記のIFLAの『学校図書館ガイドライン』によるスクール・ライブラリアン（school librarian）の定義は、2016年に大谷大学の山本教授との共著『21世紀の図書館職員の養成』で、アメリカで実現していることを明らかにした[7]。それにもかかわらず、2018年に図書館情報学の領域では定評のある学術雑誌が、ルイジアナ州（State of Louisiana）のスクール・ライブラリアン（school librarian）が日本の「学校司書」と同等という前提で論を展開している論文を載せて日本の図書館情報学（特に、学校図書館学）の浅さを露呈しており[8]、学校図書館関係者は「スクール・ライブラリアン（school librarian）」、「司書教諭」、「学校司書」の三者を比較検討する際には細心の注意が必要である。

　3つ目の極は、学部（学科）及び大学院レベルの教育、すなわち、専門教育と呼ばれている教育である。大学院レベルの教育については研究者養成という主目的があることは理解できるが、学部（学科）レベルの教育については、情報専門職とも呼ばれる専門図書館の図書館員の養成を除けば、何を目的に教育しているのか不明である。学部（学科）レベルの卒業生の多くは図書館ではなく、企業に就職すると言われている。公共図書館、大学図書館及び学校図書館の職員制度が確立していないために、学部（学科）レベルの教育の多くは公共図書館、大学図書館及び学校図書館の図書館専門員養成からはかけ離れたものになっていると推察される。

　そのような状況に対して、学部（学科）レベルの教育者は、日本では図書館専門員制度が確立していないから仕方がない、と言い訳するかも知れない。

しかし、それならば図書館情報学教育ではなく、情報学教育と称すべきであろう。学部（学科）レベルの教育者は JLA の図書館学教育部会などに参加して、公共図書館の司書職制度も含めた図書館専門員制度や司書も含めた図書館専門員の養成のあり方を、他の図書館（情報）学教育者とともに追究すべきであると思われるが、管見の限りそのような動きはない。2017 年に日本図書館情報学会図書館情報学教育に資する事業ワーキンググループは、図書館情報学分野の拡がりを求めて「図書館情報学教育の拡がりと今後の方向性に関する調査報告書」を公表しているが[9]、日本でより必要（重要）なことは「図書館情報学教育の充実を求めて」の調査であると推察される。

　欧米の図書館情報学は情報学へシフトしている。それは従来の図書館学を超克する形でのシフトである。日本の学部（学科）及び大学院レベルで追究されている図書館情報学（その教育も含めて）は超克すべき図書館学を有せずに、欧米の傾向を追随しているように思われる。日本の図書館情報学及びその教育は、図書館専門員（公共図書館の司書も含めて）の養成を第 1 視野（目標）に入れるべきであると思われる。その養成過程において、従来の図書館学では不十分で情報学へのシフトが必要であると言うのであれば、それはそれで納得がいく。しかし、現状はそうはなっていない[10]。すなわち、分類や目録などの特定の領域では学問としての理論化が結構進展しているが、実践科学としての体系化された図書館学（professional discipline）は日本では確立されたことがないと思われる。そのような図書館学が確立するためには、図書館現場において基盤となるプロフェッショナリズム（専門職性）が確立する必要がある。日本の図書館界にはプロフェッショナリズムが確立された試しがない[11]。そのため、その領域について相当程度の知識を有する人もある程度の知識しか有しない人も混在して、「図書館専門職とは何か？」というテーマで議論を戦わせている。それらの議論を薬師院はるみと渡邉斉志が整理している[12)13)14)]。

　本書では日本の公共図書館の司書及び司書職制度に関して考察した。日本には日本の特殊事情があると論じる研究者もいるが、IFLA や図書館先進国の常識の中で日本の公共図書館の司書及び司書職制度を考察することは有意

義であると思われる。「人材こそ最大の資源である」と言われることがあるが、それは日本の公共図書館にも該当すると思われる。しかし、日本の公共図書館ではそうはなっていない。そのため、筆者は微力ながら、その問題に取り組んだ。本書の刊行に際しては、志保田務氏（桃山学院大学名誉教授）、前川和子氏（元大手前大学教授）、村上泰子氏（関西大学教授）が原稿に目を通し、貴重なコメントをくださった。ここに感謝の意を表したい。また、岡田大輔氏（相愛大学講師）には原稿を部分的に目を通してもらい、貴重なコメントを頂戴した。岡田氏にも感謝の意を表したい。しかし、本書の欠点や問題点に関しては著者の責任であることは記すまでもない。

また、編集に際しては、日本評論社の永本潤氏と岩元恵美氏にお世話になった。ここに感謝の意を表する。

2019 年 12 月吉日

大城　善盛

引用文献

1) Jochumsen, H. et al., *A New Model for the Public Library in the Knowledge and Experience Society,* 2010. https://static-curis.ku.dk/portal/files/173562136/A_new_model_for_the_public_library.pdf [2019. 4. 20]
2) Garmer, A. K., *Rising to the Challenge: Re-Envisioning Public Libraries. A report of the Aspen Institute Dialogue on Public Libraries*, 2014. http://csreports.aspeninstitute.org/documents/Aspen-LibrariesReport-2017-FINAL.pdf [2019. 4. 20]
3) 上掲注 2）
4) 吉田忠彦「公共マネジメントの流れと公共図書館のハイブリッド化」『図書館界』70 巻 6 号, 2019, pp. 626-32.
5) 文部科学省「学校図書館司書教諭講習実施要項（平成 30 年度）別表 1. 講習実施機関」 http://www.mext.go.jp/b_menu/hakusho/nc/__icsFiles/afieldfile/2018/05/24/1404852_01.pdf [2019. 4. 30]
6) International Federation of Library Associations and Institutions, *IFLA School Library Guidelines.* Written by the IFLA School Libraries Section Standing Committee. Edited by B. Schultz-Jones and D. Oberg, with contributions from the International Association of School Librarianship Executive Board, 2nd revised ed.

2015. pp. 13, 55. https://www.ifla.org/files/assets/school-libraries-resource-centers/publications/ifla-school-library-guidelines.pdf［2019. 5. 27］
7）大城善盛，山本貴子『21 世紀の図書館職員の養成：アメリカとオーストラリアを事例に』日本評論社, 2016, pp. 51-70.
8）立田慶裕「読解力の発達を図る学校図書館利用のルーブリック」『情報の科学と技術』68 巻 8 号, 2018, pp. 400-05. なお、ルイジアナ州のスクール・ライブラリアン（school librarian, school library media specialist）には 2019 年現在でも教員免許が要求されていることが、School of Library & Information Science of Louisiana State University の Web サイト *school Librarianship*. https://www.lsu.edu/chse/slis/courses/school-librarianship.php［2019. 6. 6］から推察できるが、2016 年現在の確実な情報としては、Web サイト *LA Department of Education Approved Program Providers Offering Add-On Endorsement Courses for Teachers*. https://www.teachlouisiana.net/pdf/LOUISIANA_DEPARTMENT_OF_EDUCATION_ADD-ON_CERTIFICATION-PROVIDERS.pdf［2019. 6. 6］がある。
9）日本図書館情報学会図書館情報学教育に資する事業ワーキンググループ「図書館情報学教育の拡がりと今後の方向性に関する調査報告書」（2017 年 3 月）http://old.jslis.jp/publications/JSLIS-EduWG-Report.pdf［2019. 5. 24］
10）日本の学部（学科）及び大学院レベルの教育に関しては、拙著を参照：Zensei Oshiro, "Library and Information Science Education in Japan: Current Status and Future Prospects," *Journal of I-LLIS Japan*. Vol. 1, no. 1, 2018, pp. 30-50. http://shihota.world.coocan.jp/top_page/JournalofI-LISSJapanVol.%20No.1.pdf［2019. 8. 5］。なお、2018 年にタイで開催されたアジア太平洋図書館情報学会でその論稿のエッセンスを発表したところ、インドの図書館情報学研究者から「日本は経済大国なのに何故図書館情報学教育はそんなに遅れているのか」、という質問が出たことを付記しておく。
11）プロフェッショナリズム（専門職性）に関しては、次の文献が参考になる。参照：Beaton, G., *Why Professionalism is Still Relevant*, 2010. http://citeseerx.ist.psu.edu/viewdoc/download?doi=10.1.1.471.3369&rep=rep1&type=pdf［2019. 4. 30］
12）薬師院はるみ「司書をめぐる専門職論の再検討(1)(2)」『図書館界』52 巻 4 号, 2000, pp. 190-202；52 巻 5 号, 2001, pp. 250-64.
13）薬師院はるみ「図書館専門職論の理論的系譜」日本図書館情報学会研究委員会編『図書館情報専門職のあり方とその養成』勉誠出版, 2006, pp. 95-110.
14）渡邉斉志「第 4 章 司書職制度の限界」田村俊作，小川俊彦編『公共図書館の論点整理』勁草書房, 2008, pp. 84-125.

索引

【a～t】

ALA　69, 71
ALA（アメリカ図書館協会）の専門職推進援助策　34
ALA 全米資格認定委員会（American Library Association Committee of National Certification）　17, 132
ALA 図書館情報学辞典　28, 29
ALIA　71, 103
circulation work　29
Committee on Accreditation: COA　70
Committee on Education: COE　70
Dictionary for Library and Information Science　28
Encyclopedia of library and information sciences　28
IFLA 公共図書館サービスガイドライン　29
IFLA 図書館協会管理運営部会（IFLA Management of Library Association Section）　70
IFLA の公共図書館基準　18
JLA 図書館学教育部会図書館学教育基準委員会　41, 125
JLA 図書館政策特別委員会　30
JSLIS 研究委員会　56, 59, 73
Library Council of New South Wales　102
liper 報告書　55
public librarianship　ii
Readers' Advisory　28
The Librarians' Glossary of Terms Used in Librarianship, Documentation and the Book Crafts and Reference Book　28, 29
The Williamson Reports of 1921 and 1923　133
Training for Library Work　133

【人名】

伊藤松彦　32
糸賀雅児　59
稲田聡子　35
岩猿敏生　24
岩本和博　50
大庭一郎　36, 46, 47, 92
小田光宏　43, 72
鬼倉正敏　45
叶多泰彦　70
久保輝巳　21
桑原芳哉　105
後藤暢　30
酒川玲子　33
座間直壮　66
塩見昇　27, 58, 68
清水隆　42
高山正也　93, 114
竹内悊　34, 39
竹内比呂也　63
谷口豊　67
出相貴裕　95
根本彰　49, 56, 58, 62, 116
前園主計　34
薬袋秀樹　26, 33, 38, 40, 57, 66
毛利るみこ　92
森茜　68, 71
山本順一　70
吉田忠彦　151
ヨフムセン（H. Jochumsen）　149
ライツ（J. M. Reitz）　28
渡邉斉志　58

【ア】

アウトカム評価　105
アウトプット評価　105
アスペン公共図書館会議（Aspen Institute

157

Dialogue on Public Libraries） 149
アメリカ図書館協会（American Library Association） 69, 71
アメリカの公立図書館と図書館員 34, 39
市立公共図書館の職員構成と給与計画（Classification and Pay Plans for the Municipal Public Libraries） 134
ウィリアムソン報告（Training for Library Service） 17, 130
オーストラリア公共図書館連盟（Australian Public Library Alliance） 108
オーストラリア図書館協会 71, 103
オーストラリア図書館情報協会（Australian Library and Information Association） 69
岡山県立図書館サービス計画 96
岡山県立図書館第3次中期サービス目標 97
オンタリオ州公共図書館長協会（Administrators of Rural and Urban Public Libraries of Ontario） 90

【カ】
海外図書館員の専門職制度調査報告書 34
学識型専門職（learned profession） 12, 17
貸出サービス（circulation services） 29
貸出による公立図書館の発展 50
活気ある学習図書館（Living Learning Library） 102
学校図書館ガイドライン 153
ガバナンス 95
カリフォルニア州図書館協会（California Library Association） 134
カリフォルニア州の市立図書館の職員構成と給与計画（Classification and Pay Plans for the Municipal Libraries of California） 134
管理・運営 95
教育行政の理論と構造 11
県民参加による図書館づくり 98

公益社団法人日本図書館協会の新たな展望のために 71
公共経営戦略マネジメント理論モデル 96
公共図書館運営の新たな動向 73
公共図書館協会（Public Library Association） 105
公共図書館システム・ガイドライン 90
公共図書館職員の自己改革 33, 41
公共図書館職用職務区分表2000年版（案） 45
公共図書館における司書職制度の問題 21
公共図書館の業務分析 38, 44
公共図書館評価におけるアウトカム指標 105
公立図書館職員の司書職制度 調査報告書 20, 24, 25
公立図書館のあり方を考える 27
公立図書館の実態に関する調査研究 4, 92
公立図書館の指定管理者制度について2016 114
公立図書館の所管の在り方等に関する意見 94, 116
公立図書館の職員像：大阪府下公立図書館職員アンケート調査報告書 31
公立図書館の職務分析・職務区分表について 45
公立図書館の政策策定および計画立案のための指針 103
公立図書館の設置及び運営上の望ましい基準 48
公立図書館の設置及び運営上の望ましい基準（改正案）についての意見 66
公立図書館の設置及び運営上の望ましい基準について（中間まとめ）に対する意見 48
公立図書館の任務と目標 解説 38
公立図書館の任務と目標 解説（改訂版） 45
公立図書館の任務と目標 解説（増補版） 34, 39
公立図書館の任務と目標（最終報告） 30,

索　引

38
国際図書館連盟（International Federation of Library Associations and Institutions）　16, 138, 152
これからの図書館像：地域を支える情報拠点をめざして（報告）　51
これからの図書館の在り方検討協力者会議　51
これからの日本図書館協会　67
これからの日本図書館協会事業展開の新たな視点　68
これまでの歩みを振り返り、これからの歩みを考える　72
今次の図書館法改正とこれからの課題　58

【サ】
堺市立図書館　118
司書資格取得のために大学において履修すべき図書館に関する科目の在り方について（報告）　60
司書職　10
司書職人材育成計画　119
司書職制度　10, 12
司書職制度と専門職　32
司書職制度への道　21
司書職制度を中心とした区立図書館振興対策　21, 23
市民の図書館　27, 38
市民の図書館の再生産：図書館情報学教育の現場から　43
生涯学習審議会図書館専門委員会　48
情報基盤としての図書館　49
職域　147
資料の提供　27
すべての公共図書館に司書の制度を　20, 24
戦後の大学図書館における職員の問題：司書職制度確立運動を中心として　24
専門職　11
専門職委員会　20
専門職制度　10

専門職制度確立にむけて日本図書館協会の取り組み　33
戦略［的］計画の策定　96

【タ】
単一職域の図書館専門職を目指して　116
地域活性化志向の公共図書館における経営に関する調査研究　4
知識・経験の社会における新しい公共図書館モデル　149
読書案内（readers' advisory）　27, 28, 29
読書相談員（Readers' Advisor）　28
図書館委員会（library board）　95
図書館員の専門性とは何か（最終報告）　19
図書館員の専門性を明らかにするために　42
図書館員養成委員会（Board of Education for Librarianship）　134
図書館員養成と大学教育　58, 62
図書館学教育改善試案　19, 26, 41
図書館学校最低基準（Minimum Standards for Library Schools）　135
図書館学校最低必要基準（Minimum Requirements for Library Schools）　136
図書館経営論　93
図書館情報学教育と人事政策（Library and Information Studies Education and Human Resource Utilization）　142
図書館情報学教育の拡がりと今後の方向性に関する調査報告書　154
図書館情報学検定試験　63
図書館情報学用語辞典　10
図書館情報専門職のあり方とその養成　56, 57
図書館条例　118
図書館職（library occupation）　117, 147
図書館職員の専門性・必要性　32
図書館職員分類委員会（Committee on the Classification of Library Personnel）　134

159

図書館制度・経営論　95
図書館専門員　2
図書館専門職（library profession）　16, 117, 147
図書館長論の試み　i, 90
図書館における専門的職務と非専門的職務の区分はなぜ必要なのか　47
図書館年鑑 2018　3, 90
図書館の設置及び運営上の望ましい基準　65, 93
図書館の設置及び運営上の望ましい基準：主な改正内容と策定の背景　65
図書館の設置及び運営上の望ましい基準制定の意義　66
図書館の設置及び運営上の望ましい基準をどのようにとらえ、どう活用するか　66
図書館ハンドブック（第6版補訂2版）　12
図書館評価のためのチェックリスト　51, 105
図書館法　2
図書館法施行規則　2
図書館法 2008 年改正の背景と論点　59
図書館問題研究会　23, 45
図書館用語集　27
図書館流通センター　62, 92

【ナ】

名古屋市図書館設置条例　26
21 世紀型社会における図書館の任務と目標を探し求める　71
23 区司書職制度（案）　23
日本図書館協会専門性の確立と強化を目指す研修事業検討ワーキンググループ　38
日本図書館協会と図書館問題研究会の職務区分表：日本の公共図書館における専門的職務と非専門的職務の分離の試み　47
日本図書館協会の今後のあり方と、認定司書等の活用を考える　70
日本図書館協会の内部単位組織としての図書館学教育部会の存在意義について　70

日本図書館情報学会図書館情報学教育に資する事業ワーキンググループ　154
日本における公共図書館学の実践的課題　38, 57
日本の公立図書館長に求められる能力に関する調査　93
認定基準（Standards for Accreditation）　137

【ハ】

バリー（Barrie）市の図書館条例　91
バリー公共図書館　101
日野市立図書館　118
日野市立図書館設置条例　110
120 年からの新たなスタートに思う　68
プロジェクト・アウトカム（Project Outcome）　105
米国の公共図書館における専門的職務と非専門的職務の分離　36, 46
米国の公共図書館の貸出業務における専門的職務と非専門的職務の分離　36, 46
変革の時代の公共図書館　59

【マ】

文科省生涯学習政策局社会教育課　65
文部科学省令　2

【ヤラワ】

横浜市人材育成ビジョン教育委員会　119
横浜市の図書館（横浜市立図書館年報）2018　123
横浜市立図書館規則　119
横浜市立図書館条例　119
ライブラリアン　16
ライブラリー・アシスタント　16
臨時図書館教育委員会（Temporary Library Training Board）　134
歴史に見る日本の図書館　114
わが国における公立図書館経営のあり方について　95

著者紹介

大城 善盛（おおしろ ぜんせい）

元同志社大学文学部・社会学部教授（主に司書課程、2006年退職）。琉球大学文理学部英語英文学科卒業、エモリ―大学大学院修士課程修了（図書館学）（学位：Master of Librarianship）、ミシガン大学大学院修士課程修了（アジア研究）（学位：Master of Arts）。沖縄県立名護高等学校（英語教諭）を経て、ミシガン大学アジア図書館（専門職図書館員）、京都産業大学図書館員、京都外国語大学助教授・教授（司書課程）を歴任。

主な著書：
『大学図書館の管理と運営』（日本図書館協会、1992年）、『資料組織概説』（樹村房、1997年）、『21世紀の情報専門職をめざして』（関西大学出版部、1998年）、『Web授業の創造』（関西大学出版部、2000年）、『21世紀の図書館職員の養成：アメリカとオーストラリアを事例に』（日本評論社、2016年）、以上、すべて共著。

司書職制度の再構築：日本の図書館職に求められる専門性

2019年12月10日／第1版第1刷発行
2020年 3月10日／第1版第2刷発行

著　者　大城 善盛
発行所　株式会社日本評論社
　　　　〒170-8474　東京都豊島区南大塚3-12-4
　　　　電話　03-3987-8621（販売）　03-3987-8601（編集）
　　　　https://www.nippyo.co.jp/
印刷所　平文社
製本所　松岳社
装　幀　銀山 宏子

Ⓒ 2019　Zensei Oshiro　検印省略　　　　　　　　Printed in Japan
ISBN 978-4-535-58744-1

JCOPY〈（社）出版者著作権管理機構 委託出版物〉
本書の無断複写は著作権法上での例外を除き禁じられています。複写される場合は、そのつど事前に、（社）出版者著作権管理機構（電話 03-5244-5088、FAX 03-5244-5089、email: info@jcopy.or.jp）の許諾を得てください。
また、本書を代行業者等の第三者に依頼してスキャニング等の行為によりデジタル化することは、個人の家庭内の利用であっても、一切認められておりません。